Impressum

HEEL Verlag GmbH
Gut Pottscheidt
53639 Königswinter
Tel.: (0 22 23) 92 30-0
Fax: (0 22 23) 92 30-26
service@heel-verlag.de
www.heel-verlag.de
www.space-view.de

Dieses SPACE VIEW-Special ist in keiner Weise mit Tolkien Enterprises, Christopher Reuel Tolkien und Frank Richard Williamson, den Verwaltern des Erbes von J.R.R. Tolkien, einem der Verlage, bei denen Tolkiens Bücher erscheinen oder mit New Line Cinema assoziiert.

Konzept und Realisation:
Pecher & Böckmann WA GmbH, Essen

Autor:
Uli Böckmann

Redaktionelle Beratung:
Stefan Servos

Gestaltung, © Illustrationen:
Herbert Menzel

Lektorat:
Petra Hundacker, Juliane Waltke

Druck und Verarbeitung:
Koelblin-Fortuna-Druck GmbH, Baden Baden

Printed and bound in Germany

ISBN 3-89880-127-6

Rezepte aus dem Auenland

Das Hobbit-Kochbuch

HEEL

Inhalt

Warum ich ins Auenland ging und womit ich zurückkam

Aufgezeichnet für alle, die es lesen wollen

Es war das hundertfünfundsiebzigste Jahr des vierten Zeitalters von Mittelerde, als ich zu meiner langen Wanderung in das Auenland aufbrach. Es liegt hoch oben im Nordwesten unseres wiedervereinigten Königreiches, einige Tagesmärsche westlich des Golfes von Luhn. Ich war als Schreiber in das Reich der Halblinge gesandt worden, um dort von der „Erzählung der Jahre“, der einzigen Sammlung alter Schriften zur ganzen Geschichte von Númenor und der Erhebung Saurons, eine Abschrift für die Bibliothek von Minas Tirith zu erstellen.

Lange war ich unterwegs, und ich habe auf meiner Wanderung viele Orte gesehen, die während der dunklen Jahre Schauplatz großer Taten und entscheidender Schlachten waren, wie es die alten Schriften erzählen. Und immer wieder wanderte ich auf Pfaden, auf denen auch die Gemeinschaft des Rings gewandert war, und so hatte ich bereits viele wundersame Dinge erlebt und zauberhafte Wesen gesehen, als ich das Auenland erreichte. Ich steckte voller Erwartungen und Vorfreude, endlich auch das Volk der Halblinge kennen zu lernen, von dessen Heldentaten während des Ringkrieges die Geschichten in meiner Heimat Gondor so zahlreich berichten.

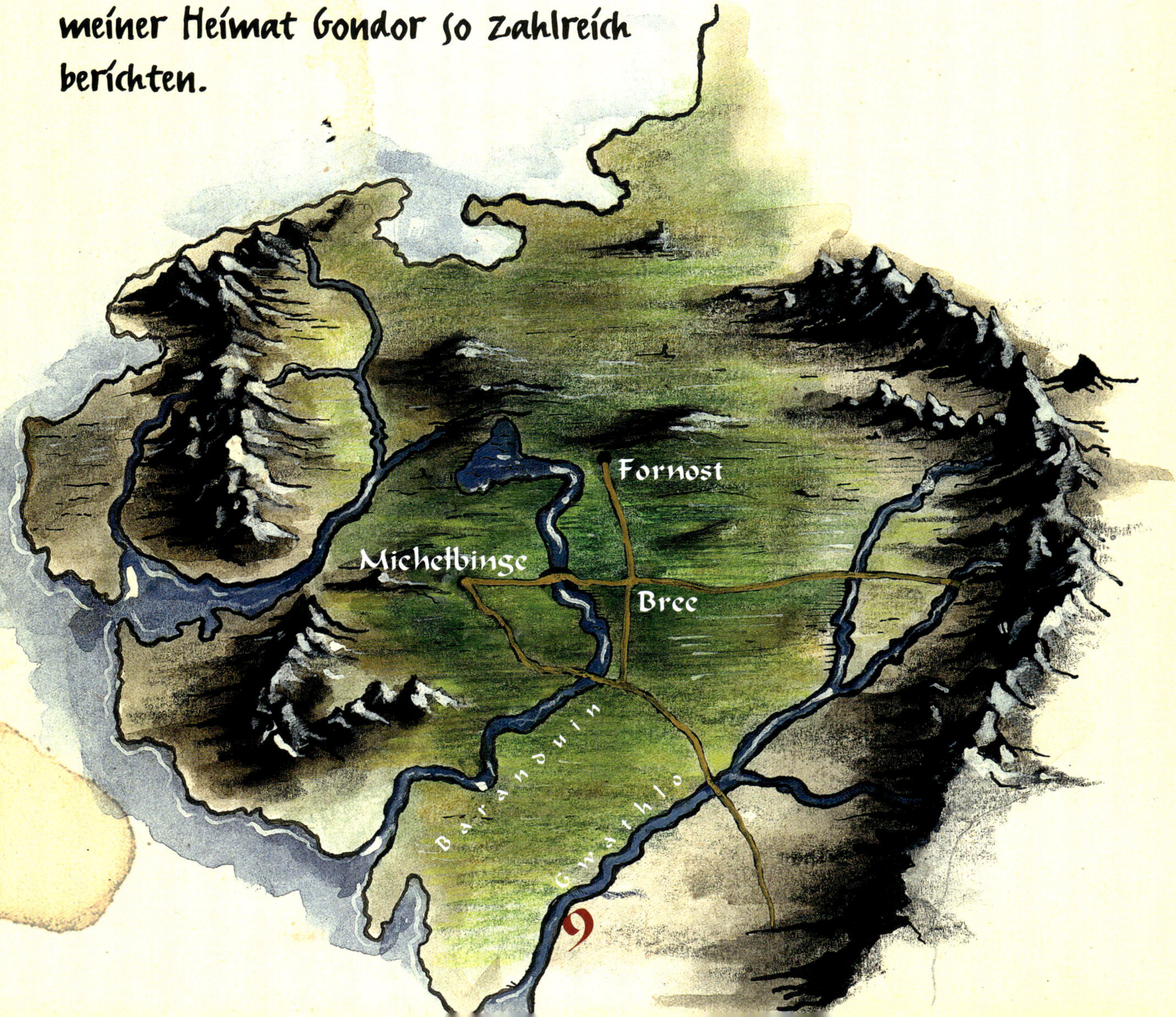

Der erste Halbling, den ich dann sah, saß schlafend und breitbeinig im Schatten unter einem Baum, und zwischen seinen schlaff herabhängenden Armen wölbte sich ein beachtlicher Wanst hervor, der durchaus beeindruckend war. Er saß einfach da in einem tiefen Schlaf und schnarchte dabei so laut und fremdartig, dass sicherlich alles Wild ringsherum längst verscheucht war. Neben ihm im Gras stand ein großer Weidenkorb voller Schüsseln und Krüge, die allesamt leer gegessen und getrunken waren. Der Halbling war indes viel kleiner und unscheinbarer, als ich mir einen Angehörigen seiner Rasse aus den Erzählungen vorgestellt hatte, doch ließ sein beängstigendes Gegrunze erahnen, dass weitaus mehr in ihm steckt, als der äußere Anschein vermuten lässt. Ich zog es vor, ihn nicht zu wecken und ging meines Weges.

Diese erste Begegnung hatte mich sehr verwirrt, entsprach sie doch in keiner Weise meinen hohen Erwartungen, und ich kann durchaus sagen, dass ich etwas enttäuscht gewesen bin.

In den folgenden Wochen sollte ich dann erfahren und erleben, dass in den Schriften, die von den Taten der Halblinge im großen Ringkrieg berichten, ein falsches Bild von der kleinen Rasse gezeichnet wird. Sie verstehen zwar vorzüglich mit Pfeil und Bogen umzugehen und ein von ihnen geworfener Stein trifft zumeist sein Ziel. Auch sind sie sehr ausdauernd und oft von einem festen Willen getrieben, doch kann man sie weder kriegerisch noch heldenhaft bezeichnen.

Sie leben in einer solch unbekümmerten Art und Weise und sind so sehr mit sich selbst beschäftigt, wie ich es bis heute bei keinem anderen Volk von Mittelerde und darüber hinaus je gesehen habe. Auch in den Schriften, die ich gelesen habe, war davon nicht die Rede. Sie sind nur mäßig interessiert an den Ereignissen außerhalb der Grenzen des Auenlandes und eigentlich kreisen ihre Gedanken nur um eines: die nächste Mahlzeit und was man davor noch schnell zu sich nehmen kann.

Sie verstehen sich vortrefflich darauf, dem Boden kräftige Früchte und blühende Pflanzen zu entlocken und unter ihren Händen wachsen üppige Ernten heran. Sie tragen Früchte und Gemüse im Überfluss in ihre Vorratskammern, auch ihre Tiere können sich auf saftigen Weiden fett fressen, und das Wild in ihren Wäldern ist so zahlreich wie nirgends sonst. Die Halblinge scheinen eins geworden mit der Erde, auf der sie leben, und vielleicht ist das der Grund, warum sie sich mit ihrem Wachstum nicht allzu weit von ihr entfernen möchten. Denn dass sie nicht größer sind, ist das Erstaunlichste an ihnen. Bei den Mengen, die sie täglich essen, müssten sie den hünenhaftesten Krieger aus dem stolzen Heer von Gondor um Haupteslänge überragen. Sie bereiten sechs bis sieben Hauptmahlzeiten am Tag, und ich hatte meine liebe Not, mit dem Speiseplan der Halblinge Schritt zu halten – was ich anfangs noch versuchte, als ich ihrer nach dem ersten Zögern großen Gastfreundschaft gegenüber nicht unhöflich erscheinen wollte. Doch konnte ich dann schon am späten Mittag kaum noch atmen.

Die Halblinge hingegen haben damit kein Problem, vielmehr genießen sie das Leben, das Feiern, das Essen und das Lachen in vollen Zügen, sodass man neidisch werden kann. Wenn es „Futter schneit und Schoppen regnet", so sagen die Hobbits, wird es keiner versäumen, dabei zu sein. Ihre Anatomie muss eine besondere sein, und man hat den Eindruck, je mehr sie essen, desto fröhlicher und freundlicher werden sie. Ihre Vorliebe für das Kochen und Essen mag auch daher kommen, dass sie sehr gastfreundlich sind und gerne in einer großen Gesellschaft speisen. Vielleicht ist es aber auch umgekehrt, das konnten mir selbst die Hobbits nicht genau sagen. Es schien sie aber auch nicht weiter zu beschäftigen, denn „da denke man am falschen Ende", wie sie sagen.

Halblinge zerbrechen sich viel lieber den Kopf darüber, wann und zu welchem Anlass sie für die nächste Gesellschaft einladen können, denn das bedeutet stundenlanges Essen vom späten Vormittag – man trifft sich dann zumeist nach dem 11-Uhr-Imbiss – bis tief in die Nacht. Und es gibt nichts, was ein Hobbit lieber täte.

Ständig suchen sie nach Anlässen, sich zu Picknicks zusammenzufinden und Feste zu feiern, bei denen Unmengen von Getränken und Leckereien verzehrt werden. Eine besondere Vorliebe haben die Halblinge für Geburtstagsfeiern, denn dann können sie neben dem Essen einer weiteren Leidenschaft nachkommen: Geschenke zu machen und eben solche zu erhalten.

Im Auenland hält man es so, dass das Geburtstagskind jedem seiner Gäste ein kleines, aber persönliches Geschenk macht, während es selbst nur von nahen Verwandten beschenkt wird, die im Umkreis von 12 Meilen wohnen.

Dabei ist die Schenkerei bei allem Vergnügen eine ernste Sache, die mit großer Gewissenhaftigkeit vorbereitet und nach strengen Regeln und Erwiderungspflichten behandelt wird. Für jeden Hobbit wäre es fürchterlich peinlich, auch nur einem seiner Gäste mit leeren Händen gegenüberzustehen oder auf ein Geschenk nicht das passende Gegengeschenk zu finden. Noch peinlicher wäre es allerdings, die Gäste nicht ordentlich zu bewirten. Zwar gibt es auf jeder Geburtstagsfeier nur drei offizielle Mahlzeiten – das Mittagessen, den Tee und das Abendessen –, doch unterscheiden sich diese Mahlzeiten von der restlichen Zeit des Tages lediglich dadurch, dass man sich zum Essen hinsetzt. Ansonsten wird im Stehen zwischendurch gegessen, und da muss der Gastgeber gut vorbereitet sein, damit seine Speisekammer immer ausreichend Nachschub bietet. Wenn alle Gäste nur mit lautem Kauen, Tratschen und Singen beschäftigt sind und sich gegenseitig knifflige Rätsel aufgeben, dann steht alles zum Besten. „Der Tag war nicht verloren", wie die Halblinge dann sagen.

In der wenigen Zeit, die ihnen zwischen den Mahlzeiten und dem Ausruhen von den Mahlzeiten gegeben ist, sind sie allerdings sehr fleißig und arbeiten hart daran, damit alles wohl geordnet und rechtzeitig bestellt ist. In ihren Städten und Dörfern ebenso wie auf den Feldern sieht alles wie blank geputzt aus, und sind ihre Behausungen auch vollgestopft mit allerlei Zeug, „so hat doch jedes Ding seinen Platz", wie sie sagen.

Dies gilt vor allem für die Küche, denn sie ist meist der größte Raum darin, stets sauber und von morgens bis spät in die Nacht bestens organisiert, was auch für die Speisekammern und Vorratsräume gilt.

Dabei leben die meisten Hobbits nicht in Häusern, wie wir sie kennen, sondern in Höhlen knapp unter der Erde, die sie selbst dort hineingegraben haben und in der ein Mensch kaum stehen kann. Doch sind diese Behausungen – sie nennen sie Smials – meist sehr geräumig, manchmal gar mit großem Aufwand ausgestattet und zumeist auch sehr gemütlich, schon allein deshalb, weil sie zu jeder Jahreszeit gut beheizt sind. Selbst im Sommer brennt immer ein Feuer in der Küche, denn dort unten in der Erde ist es auch dann noch empfindlich kühl, wenn draußen eine heiße Sonne auf die Felder brennt.

Oftmals leben sie mit großen Familien und ganzen Sippen in weit verzweigten Gängen und Räumen, wobei der zentrale Ort jeder Hobbithöhle die Küche ist. Auch die Speise- und Vorratskammern der Hobbits sind sehr geräumig und weitläufig, und dennoch habe ich keine gesehen, die nicht beinahe schon wieder zu klein war. „Man weiß halt nicht, was kommt", sagen die Halblinge.

Nie habe ich so oft und so gut gegessen wie in den Monaten im Auenland. Viele Speisen waren dabei, die ich aus Gondor nicht kannte und die ich noch nie gekostet hatte. Bald schon war mein Interesse geweckt, die Rezeptur für eine solche Speise niederzuschreiben. So wie die Seiten meiner Abschrift der „Erzählung der Jahre" im Laufe der Zeit immer mehr wurden, so wuchs auch die Zahl meiner Notizen an, die ich mir zu den verschiedensten Rezepturen gemacht habe.

Manche dieser Rezepturen sind sehr alt, werden seit Generationen in den Familien weitergegeben und sind nirgendwo aufgeschrieben. So kommt es auch, dass ein und dieselbe Speise in verschiedenen Sippschaften nach unterschiedlichen Rezepturen angefertigt wird, und immer wieder ein Streit darüber entsteht, welche von beiden denn nun die richtige ist. Wo der eine Zimt nimmt, wählt der andere Ingwer, und schon schmeckt alles ganz anders, doch immer schmeckt es gut. Was immer die Halblinge auf den Herd bringen, gelingt ihnen, und sie haben eine große Fertigkeit entwickelt, Zutaten in besonderer Weise aufeinander abzustimmen.

Ich habe die „Erzählung der Jahre“, die ganze Geschichte Númenors, für die Bibliothek von Minas Tirith abgeschrieben. Doch ich habe noch mehr Aufzeichnungen mit zurück nach Gondor gebracht, die ebenso dazu dienen sollen, uns über das Volk der Halblinge mehr zu erzählen, als wir bislang wussten.

Lest nun, was ich gesammelt habe!

Rezepturen aus dem Auenland

Aufgeschrieben und gesammelt von Beregil von Gondor.

Für alle Mahlzeiten eines Tages, wie er im Auenland begangen wird.

Gewissenhaft zusammengetragen und mit zahlreichen Hobbits besprochen.

Was ich noch anzumerken habe

Indem ich ihre Rezepturen für die Zubereitung von Speisen niederschrieb, habe ich viel über das Volk der Halblinge gelernt. Vor allem, dass sie sehr interessierte Zuhörer sind, wenn man ihnen etwas von den Essgewohnheiten anderer Völker von Mittelerde berichtet, was ich durch meine lange Wanderschaft zumindest oberflächlich konnte. Nachdem sie so auch gehört hatten, wie und wann wir Menschen in Gondor zu speisen pflegen, bedauerten sie mich fortan sehr und luden mich immer wieder ein, damit ich mir „einen kleinen Vorrat anfuttern könne“, wie sie es nannten. Auch lernte ich, dass es im Auenland mit den Zutaten nicht so genau genommen wird, wenn es um die Zubereitung einer sättigenden Mahlzeit geht. So fand ich in verschiedenen Hobbit-Familien sehr unterschiedliche Rezepturen für ein und dieselbe Speise, mal wurde hier mehr Mehl genommen, mal dort weniger Zucker.

Wenn ich auf solche Unterschiede stieß und zu ergründen suchte, welche Rezeptur die richtige oder bessere sei, gab es zumeist heftige Debatten unter den Hobbits, ohne dass ich hinterher eine befriedigende Antwort erhalten hätte. Zumeist einigte man sich dann auf eine Fassung, um meinetwillen „auf den Punkt zu kommen". Doch ging dies nie ohne deutliches Murren einiger Anwesender vonstatten, die eine andere Variante der Rezeptur für die deutlich bessere hielten und deshalb nur unter Protest zustimmten. Die Geschmäcker sind auch im Auenland sehr verschieden.

Auch die Zuordnung der Speisen zu bestimmten festen Mahlzeiten des Tages fiel den Halblingen bisweilen schwer, schließlich könne man nie wissen, „wo gerade der Magen juckt". Viele wollten sich deshalb nicht festlegen lassen, ob sie beispielsweise nicht Wildschwein auch zur Tee-Zeit nehmen können oder Schmorzwiebeln zum Frühstück, dazu einen leckeren Pudding nach Art des Hauses. Ich habe letztlich die Einteilung der Speisen so vorgenommen, wie ich es im Auenland oft beobachtet habe oder wie es mir angemessen erschien.

Auch war es manches Mal nicht ganz leicht, die von einer Zutat zu verwendenden Mengen genau festzulegen, insbesondere deshalb, weil die Halblinge beinahe alles in anderen Einheiten messen, als wir in Gondor dies tun. Außerdem neigen sie dazu, nach Lust und Laune zu dosieren, wodurch mir eine genaue Festlegung zusätzlich erschwert wurde.

Einig waren sich die Halblinge bei der Aufzählung der festen Mahlzeiten eines Tages, doch gab es hierbei manche, die auch die Zwischenmahlzeit noch als festen Bestandteil aufgenommen wissen wollten. Es war jedoch oft das Argument zu hören, dass es dann keine Zwischenmahlzeit mehr sein könne, woraufhin beschlossen wurde, dass jede Speise auch eine Zwischenmahlzeit sein kann, aber nicht muss.

So entstand also meine Sammlung von Rezepturen aus dem Auenland und ich hoffe, dass es mir trotz aller Widrigkeiten gelungen ist, alles recht zu benennen.

Der Speiseplan der Hobbits, wie er mir genannt wurde und wie ich ihn erlebt habe

Die Halblinge nehmen sieben feste Mahlzeiten am Tag zu sich, die sie auseinander gehalten wissen wollen, und die sie wie folgt nennen:

Frühstück

2. Frühstück

11-Uhr-Imbiss

Mittagessen

Tee-Zeit

Abendessen

Nachtmahl

Frühstück, 2. Frühstück und 11-Uhr-Imbiss

Im Auenland beginnt der Tag mit drei geregelten Mahlzeiten, die allesamt dazu dienen, die „Mühle zum Klappern zu bringen", wie die Hobbits sagen.

Nach unseren Maßstäben wird schon früh reichlich gegessen, doch verrichten die Halblinge gerade am Vormittag auch allerlei anstrengende Arbeit am Haus oder auf den Feldern.

Während beim Frühstück in jedem Fall immer alle Mitglieder einer Familie zusammensitzen, kommen zum 2. Frühstück und zum 11-Uhr-Imbiss nur diejenigen an den Tisch, die es gerade einrichten können, doch sind dies immer die meisten.

Wer jedoch auf den weitab gelegenen Feldern mit Arbeit beschäftigt ist, nimmt für das 2. Frühstück und für den 11-Uhr-Imbiss ausreichend Proviant mit.

Wie der Tag beginnt

Wenn in meiner Heimatstadt Minas Tirith noch tiefe Ruhe in den Gassen herrscht und die Nachtwachen auf den Türmen jede Maus hören können, weil alles Volk noch schläft, herrscht in einer Hobbithöhle bereits emsiges Treiben. „Einer müsse ja die Vögel wecken“, sagt man dazu im Auenland.

Doch konzentriert sich die meiste Aktivität auf die Zubereitung der ersten Mahlzeit des Tages, und ich habe schließlich die Gewissheit erlangt, dass sie nur deshalb so früh aufstehen, damit genug Zeit für das Frühstück bleibt.

Schon am Beginn des Tages ist im Auenland nichts dem Zufall überlassen, da in jedem Smial alles nach einem festen Plan abläuft. Jedes Mitglied der Sippe übernimmt eine ganz spezielle Aufgabe, und man kommt ins Staunen, wie es den Halblingen gelingt, in Windeseile eine derart

reiche Tafel zu decken. Denn so sind sie es gewohnt und so wollen sie es auch jeden Tag wieder haben. Dabei ist alles so ausgerichtet, dass jeder spontanen Neigung nachgegangen werden kann. Zwar ist es eine arge Schlepperei von Schüsseln, Töpfen, Platten und Krügen und eine hektische Arbeit am Kochfeuer, bis schließlich alle sich niedersetzen und mit dem Frühstück beginnen können. Doch dauert all dies bei den Hobbits kaum länger als eine halbe Stunde.

Die Speisen, die frisch an einem Morgen zubereitet werden, unterscheiden sich von Tag zu Tag, doch gibt es auch feste Regeln dafür, was auf einen gedeckten Frühstückstisch gehört – „den Grundaufbau", wie die Hobbits es nennen. Er ist auch deshalb so wichtig, weil er nach dem Frühstück für das 2. Frühstück auf dem Tisch stehen bleibt – und Teile davon sogar noch für den 11-Uhr-Imbiss. Hier will ich ihn beschreiben.

Der Grundaufbau für das Frühstück und wie es weitergeht

Stelle für das Frühstück eine Schale Zucker in die Mitte des Tisches, drum herum stelle Schalen mit flüssigem Honig, leicht gesalzener Butter, Zimt, frischem Rahm sowie Mandelkernen und Rosinen. Dann brauchst du verschiedene Marmeladen, wobei es mindestens drei Sorten sein sollten – vier oder fünf wären besser – und Himbeermarmelade sollte in jedem Fall dabei sein, auch ein Pflaumenmus oder ein Quittengelee.

Lege reichlich von mindestens drei Sorten Brot in einen Korb und achte darauf, dass kein würziges dabei ist oder ein hartes. Nimm beispielsweise Rosinenstuten, Mandelzopf oder Mohnbrot.

Wähle einen milden und weichen Käse aus und schneide dünne Scheiben davon ab, die du auf einen Teller legst. Verteile alles auf dem Tisch und lasse dabei noch Platz für zwei große Krüge mit frischer Milch und frischem Obstsaft und zwei große Kannen mit stark gebrühtem Kaffee und heißem Pfefferminztee. Für jeden, der am Frühstückstisch sitzt, bereitest du noch einen kleinen Teller mit frischem, aufgeschnittenen Obst, und wenn du sie auf den Tisch gebracht hast, dann bist du mit dem Grundaufbau fertig.

Anschließend bereite deftige warme Speisen dazu. Das können an jedem Tag andere sein, etwa scharf gebratene Grützwurst oder knusprige Speckstreifen mit gebackenen Eiern. Achte darauf, dass immer von allem genug auf dem Tisch ist. Wenn das Frühstück beendet ist, räume nicht den ganzen Tisch ab. Trage das schmutzige Geschirr fort und alle Marmeladen, außerdem den Zimt, den Rahm und auch die Mandelkerne und die Rosinen.

Das Brot, den Honig, den Zucker und die Butter lasse stehen, ebenso den Käse, den Obstsaft und die Milch, denn du brauchst alles noch für das 2. Frühstück. Nur decke ein sauberes Leinentuch darüber.

Das 2. Frühstück

Von all den Speisen und Getränken, die du vom Frühstück auf dem Tisch hast stehen lassen, kommen für das 2. Frühstück nun andere Zutaten hinzu. Stelle neben den Zucker eine Schale mit Salz, außerdem je eine mit Kräutern, eine mit einer Gewürzmischung und eine mit klein geschnittenen Zwiebeln. Schneide von weiteren drei Sorten Käse und von vier Sorten Wurst und Schinken dünne Scheiben ab und lege sie auf Platten. Fülle in den Brotkorb zu den Resten des süßen Brotes noch mindestens zwei Sorten würziges Brot, etwa Zwiebelbrot oder Speckstangen.

Verteile alles auf dem Tisch und stelle noch zwei große Kannen Tee dazu, eine mit heißem Pfefferminz-, eine mit kaltem Hagebuttentee. Kaffee wird in den meisten Familien zum 2. Frühstück nicht mehr aufgetragen, „doch wer ihn mag, der soll ihn haben", wie die Hobbits sagen.

Auch zu dieser zweiten Mahlzeit des Tages bringst du wieder etwas Warmes auf den Tisch, doch sollte es nun eine süße Speise sein, etwa

heiße Rosinentörtchen, frisch gebackene Kirschpfannenfladen mit Zimtzucker oder ein warmer Schokoladenpudding. Es wird im Auenland sehr begrüßt, wenn mindestens zwei warme Speisen im Angebot sind, damit man wählen kann. Sind dann alle satt vom Tisch aufgestanden, räume das schmutzige Geschirr fort und alle Speisen – bis auf je eine Sorte Käse und eine Sorte Wurst, das Brot, den Honig, die Butter, den Zucker und das Salz.

Der 11-Uhr-Imbiss

Für diese letzte Mahlzeit vor dem Mittagessen verwertest du die Reste von den Mahlzeiten des Vortags, wenn es welche gibt. Einen vom Vorabend übrig gebliebenen Kümmelkuchen kannst du noch einmal kurz in den Ofen schieben, ein letztes Stück Hühnerbirnenbrot aufteilen, oder du schneidest die Kartoffelklöße, die beim Bratenessen zu viel waren, in kleine Stücke und brätst sie mit Eiern zusammen in der Pfanne.

Es gilt im Auenland als höchst verwerflich, Nahrungsmittel oder Vorräte verderben zu lassen, sodass immer alles aufgegessen wird, und sei es einen oder gar zwei Tage später. Ich sah einmal einen Hobbit, der ein verdorbenes Stück Brot gefunden hatte, einen kleinen Rest, der vergessen wurde. Er war sehr wütend, und ich hörte ihn immer wieder sagen, dass das noch gut durch ihn hätte hindurchgehen können.

Doch zumeist ist vom Vortag ohnehin nicht viel übrig, weshalb auch die beschriebenen Teile des Grundaufbaus für den 11-Uhr-Imbiss auf den Tisch gehören, damit wenigstens „die Lücken gestopft werden", wie man im Auenland sagt. Gibt es gar keine Reste zu verwerten, so bringe stattdessen Kuchen oder Pasteten auf den Tisch, oder was du sonst noch in der Speisekammer hast.

Erst wenn der 11-Uhr-Imbiss beendet ist, decke den Tisch ganz und gar ab, damit genug Platz für das Mittagessen ist.

Haferobstbrei

Ein Topf mit frisch zubereitetem Haferbrei findet sich vormittags in jeder Hobbit-Küche beinahe zu jeder Zeit des Tages.

Der Brei ist eine beliebte Zwischenmahlzeit bei den Kindern wie auch bei den älteren Hobbits, er sättigt zuverlässig und schnell den kleinen wie auch den großen Hunger und bedarf keiner großen Mühe bei der Zubereitung.

Was du brauchst

Nimm einen Liter Milch, ein halbes Kilo Haferflocken, Rahm und Honig so viel du magst, Obst nach Jahreszeit oder Geschmack.

Rezeptur

Gib die Milch in einen Topf und rühre die Haferflocken hinein. Belasse den Topf so lange auf einem kleinen Feuer und rühre ihn dabei, bis der Haferbrei sämig wird. Ist er angedickt, serviere ihn auf Tellern mit Rand oder in kleinen Schüsseln, gib Rahm und Honig dazu und rühre auch das klein geschnittene Obst unter.

Birnenstücke oder geriebener Apfel schmecken darin ebenso gut wie ganze Süßkirschen, reife Blaubeeren, süße Pflaumen oder Quitten.

Wacholderquarkpastete

Diese feine Pastete wird im Auenland zumeist bei großen Festen oder wichtigen Familienfeiern zum 11-Uhr-Imbiss mit auf die Speisetafel gestellt.

Was du brauchst

Nimm 300 g feines Mehl, 200 g Butter, drei Dotter vom Hühnerei sowie etwas Salz, um den Teig daraus zu bereiten.

Für die Füllung nimm noch einmal 250 g Butter, 750 g frischen Quark, sechs Hühnereier, acht Wacholderbeeren, eine Muskatnuss, das Klare von den drei Hühnereiern und etwas Salz.

Rezeptur

Bringe die Zutaten für den Teig zusammen und verknete sie gründlich.

Wenn daraus ein guter Teig geworden ist, stelle ihn zur Seite. Vermische dann die Butter, den Quark, die Eidotter und das Salz, bis es eine Masse geworden ist.

Rühre dabei kräftig und lange und gebe nach und nach auch die zerdrückten Wacholderbeeren dazu.

Reibe auch etwas Muskatnuss darüber. Wenn alles eins geworden ist, dann nimm das Klare von den Eiern und schlage es so lange und kräftig, bis es weiß und schaumig geworden.

Rühre es dann unter die Masse, bis es darin verschwunden ist. Nun rolle den Teig, den du anfangs geknetet hast, auf einem Tisch oder einem großen Holzbrett aus und lege ihn in eine Form, die du reichlich mit Butter eingestrichen hast.

Der Teig muss so breit ausgewalzt sein, dass er über die Ränder der Form hinaushängt.

Dann gib die Füllung in die Form und verteile sie gleichmäßig. Ist dies geschehen, so klappe den Teig darüber, auf dass er alles umschließt.

Bringe die Form in den mäßig heißen Ofen und lasse ihn dort eine Dreiviertelstunde. Dann sehe nach, ob alles gut durchgebacken ist.

Ist die Wachholderquarkpastete gut, stelle sie zur Seite, damit sie abkühlen kann.

Apfelgerstengrütze

Ein beliebtes Gericht am Vormittag, allerdings nicht vor dem 2. Frühstück. Man müsste zu früh aufstehen, wenn es das Frühstück wäre, kann es andererseits aber gut vorbereiten, während man das Frühstück einnimmt.

Die Hobbits bereiten diese Grütze meist in größeren Mengen zu, da sie im Auenland auch gern als kalte Zwischenmahlzeit gegessen wird, vor allem von Kindern.

Was du brauchst

Nimm etwa 400 g grob gemahlenes Gerstenmehl, einen Liter Quellwasser oder einen Liter euterfrische Milch, drei reife Äpfel, etwas Salz, eine gute Hand voll Haselnusskerne, einen oder zwei Löffel Honig, etwas Zimt sowie einen gut gehäuften Löffel Butter.

Rezeptur

Schneide die Äpfel in kleine Stücke, befreie sie von ihren harten Stücken, hacke die Nusskerne klein und stelle beides zur Seite.

Nun bringe das Wasser in einem Topf zum Sieden und gib dann langsam das ganze Gerstenmehl hinein. Rühre dabei ohne Unterlass, auf dass keine Klumpen entstehen. Wenn alles Mehl hineingegeben ist, belasse die Mischung auf dem Feuer und höre nicht zu Rühren auf. Nach einigen Minuten gib dann die Äpfel und die Nusskerne zur Gerste in den Topf.

Lass es noch eine kurze Zeit brodeln, dann nimm alles vom Feuer. Wenn du den Topf nun eine halbe Stunde ruhen lässt, ist die Grütze fertig. Gib noch etwas Honig, den Zimt und den Löffel Butter zur fertigen Grütze, denn dann schmeckt sie feiner.

Nimm andere Früchte als Äpfel, wenn die Jahreszeit nicht danach ist oder du anderes lieber magst.

Wurzelgemüse mit Honig

Am Tag nach einer großen Feierlichkeit, auf der selbst nach Hobbitmaßstäben übermäßig viel gegessen und getrunken wurde, wird häufig diese Speise zubereitet. „Sie mache den Kopf wieder klar und schaffe Platz im Magen“, wie die Halblinge sagen.

Was du brauchst

Nimm eine große Kohlrübe, drei Karotten, einen ganzen Kohlkopf, eine Stange Lauch, zwei oder drei große Löffel Butter, zwei große Löffel Honig sowie etwas Salz.

Rezeptur

Schäle alles Gemüse, putze oder wasche es und schneide alles in kleine Stücke. Bringe dann leicht gesalzenes Wasser in einem großen Topf zum Kochen und werfe das Gemüse für einige Minuten hinein, den Lauch jedoch lasse noch heraus. Dann schütte alles Wasser ab, gebe die Butter zu dem Gemüse in den Topf und dünste es darin rundum, bis es weich geworden ist. Zum Schluss werfe auch den Lauch dazu und rühre den Honig unter. Würze alles mit Salz, so wie du es magst.

Kalte Kirschklumpensuppe

Wenn die reifen Kirschen im Auenland schwer an den Bäumen hängen, wird immer und überall diese leckere Süßspeise angeboten.

Sie kochen ganze Kessel davon, die jedoch immer in Windeseile leer gegessen sind.

Was du brauchst

Nimm ein Kilo reife Kirschen – süß oder sauer – drei Hühnereier, zwei große Löffel Zucker, eine Prise Zimt, dazu Milch, Mehl und etwas Salz.

Rezeptur

Schlage die Eier in eine Schüssel, gib einen großen Löffel Zucker und den Zimt dazu und verrühre das Ganze mit Mehl und Milch in einer solchen Menge, dass ein dickflüssiger Teig daraus wird.

Bringe einen großen Topf mit Wasser auf das Feuer und warte, bis es zu kochen beginnt.

Dann nimm mit einem kleinen Löffel immer etwas Teig und werfe ihn in das kochende Wasser.

Ist der Boden des Topfes ganz mit Teigklumpen bedeckt, so warte, bis sie hochkommen.

Hole sie aus dem Wasser und lege sie zum Abtropfen in ein Sieb. Mache damit so lange weiter, bis der Teig verbraucht ist.
Wasche die Kirschen und gebe sie in einen Topf, in den du so viel Wasser schüttest, dass die Kirschen gut bedeckt sind.
Gebe noch einen großen Löffel Zucker dazu und bringe den Topf auf das Feuer.

Wenn du alles einmal kurz aufgekocht hast, streue so lange Mehl hinein und höre nicht auf zu rühren, bis die Masse schön dickflüssig, aber immer noch eine Suppe ist.
Nimm den Topf dann vom Feuer und stelle die Suppe zum Abkühlen beiseite.

Wenn du die Suppe auftischen willst, fülle einige Klumpen auf einen tiefen Teller, übergieße sie mit der kalten Kirschsuppe und bringe sie zu Tisch.
Stelle noch ein Schälchen Zimtzucker mit dazu, damit es sich jeder so süßen kann, wie er es mag.

Pfannenfladen nach Hobbinger Art

Für die im Auenland sehr beliebten Pfannenfladen gibt es eine Vielzahl von Rezepturen, insbesondere für den Belag.

Erkaltet nehmen Hobbits sie gern zusammengerollt als Wegzehrung auf lange Wanderungen mit.

Vorschläge für den Belag

Für den Belag der Pfannenfladen kannst du beinahe alles nehmen, was du in der Speisekammer findest. Du kannst sie mit Früchten (Äpfeln, Birnen, Kirschen, Quitten) ebenso belegen wie mit allerlei Gemüse (Zwiebeln, Kürbissen, Pilzen) oder Wurst- und Schinkenscheiben.

Für die Kinder mache Fladen mit Holunder-, Johannis- oder Blaubeeren, die du dann mit Honig bestreichst. Brauchst du die Fladen als Proviant, so nehme etwas mehr Mehl, denn dann werden sie fester und halten länger.

Hast du sie gut eingewickelt und kühl aufbewahrt, kannst du die Fladen noch nach Tagen oder Wochen verzehren, je nachdem, womit du sie belegt hast.

Was du brauchst

Nimm einen Liter unsaure Milch, ein halbes Kilo feines Mehl, acht große Eier vom Huhn, etwas Salz sowie Schmalz zum Ausbacken für würzige Pfannenfladen oder Butter zum Ausbacken für süße.

Rezeptur

Verrühre Mehl und Milch so lange miteinander, bis im Teig keine Klümpchen mehr zu finden sind. Gebe die Eier und das Salz dazu und rühre gründlich, bis alles eins geworden ist. Wähle die Größe der Pfanne danach aus, wie groß du die Pfannenfladen haben willst, doch achte darauf, dass sie einen möglichst flachen Rand hat.

Stelle die Pfanne auf ein kleines Feuer und lasse etwas Butter oder Schmalz darin schmelzen.

Dann gebe mit einem großen Löffel so viel Teig in die Pfanne, bis er rundum bis an den Pfannenrand ausläuft. Nimm so viel Teig, wie du es magst, manche Hobbits essen lieber dünne Pfannenfladen, anderen wiederum können sie nicht dick genug sein.

Ist der Teig in der Pfanne, belegst du die Fladen schnell in beliebiger Menge, solange der Teig auf der oberen Seite noch flüssig ist, damit der Belag ein wenig einsinken kann. Wird der Teig dann langsam immer fester, umschließt er den Belag und hält ihn fest, damit er beim Wenden nicht herunterfällt.

Backe die Pfannenfladen nun von beiden Seiten goldbraun und bringe sie dann auf den Tisch. Zu Fruchtfladen stelle immer einen Topf Honig und einen Topf Zucker mit dazu, damit sie jeder so süßen kann, wie es ihm beliebt.

Mittagessen

Obwohl die Hobbits bereits am Vormittag so viele Mahlzeiten zu sich genommen haben wie die Menschen in Gondor an einem ganzen Tag, so tischen sie dennoch verhältnismäßig kurz nach dem 11-Uhr-Imbiss eine weitere Mahlzeit auf – größer und umfangreicher als die bisherigen.

Sie nennen es Mittagessen und bereden dabei zumeist, was am Morgen an Neuigkeiten aus der Umgebung zu erfahren war, wie die Arbeit des Tages vorangeht oder welche Geburtstagsfeier als nächste ansteht und was man an Geschenken erwartet.

Blumenkohl
mit Mandelsauce

Wie vieles andere Gemüse gibt es auch diese Pflanze im Auenlande reichlich, weshalb sie in der rechten Jahreszeit sehr oft auf den Tisch kommt.

Nach dieser Rezeptur bereiten die Hobbits den Blumenkohl gerne zu würzigem und scharf gebratenem Fleisch, meist von Rindern oder Schweinen.

Was du brauchst

Nimm einen gut gewachsenen Blumenkohl, 50 g fein zerstoßene Mandelkerne, 50 g geraspelten Hartkäse, etwas Salz, ein Hühnerei, acht Löffel Rahm und einen Bund frische Gartenkresse.

Rezeptur

Teile den Blumenkohl in kleine Bäumchen, wasche ihn in frischem Wasser ordentlich und ritze die dicken Stiele am Ende ein. Bringe einen Topf mit leicht gesalzenem Wasser auf das Feuer und koche den Blumenkohl darin einige Minuten, nicht zu lange, auf dass er nicht zu matschig wird. Nimm dann den Blumenkohl aus dem Wasser und leg ihn zur Seite.

Leere nun den Topf, doch hebe dir eine Kelle von der Kochflüssigkeit auf, denn du brauchst sie noch. Vermische die zerstoßenen Mandeln und den geraspelten Käse mit dem Ei, dem Rahm und etwas Salz und gib noch die Kelle von der Kochflüssigkeit hinzu. Fülle diese Masse nun wieder in den Topf und koche sie unter ständigem Rühren auf einem kleinen Feuer so lange, bis eine geschmeidige Sauce daraus geworden ist.

Fülle den Blumenkohl nun in eine große und flache Schüssel und übergieße ihn mit reichlich Sauce. Dann streue die klein gerupfte Kresse darüber.

Bringe die Schüssel auf den Tisch, damit sich an ihr jeder bedienen kann.

Fenchelhuhn

Rezepturen zur Zubereitung von Hühnern gibt es im Auenland sehr zahlreich, denn an nahezu jeder Hobbitbehausung findet sich auch ein sehr lebendiger Hühnerstall.

Das feine Fenchelhuhn wird gern serviert, wenn einfache, aber gern gesehene Gäste zu Besuch sind.

Was du brauchst

Nimm ein gerupftes Huhn, 100 g Mandelkerne, eine Hand voll Fenchelblätter, eine Hand voll Petersilie, einen halben Liter Wasser, etwas Zimt, Ingwer, einige Nelken- und Lorbeerblätter, einen großen Löffel Schweineschmalz sowie etwas Salz.

Rezeptur

Teile das Huhn in einige große Stücke und brate sie auf einem großen Feuer mit dem Schmalz in der Pfanne.

Lösche sie mit dem Wasser ab, wenn sie von allen Seiten schön braun sind. Dann salze sie und lasse sie noch eine halbe Stunde in der Pfanne köcheln.
Wasche alle Kräuter und hacke sie mit den Mandeln in kleine Stücke. Dann nimm das Huhn aus der Pfanne und stelle es an einen warmen Platz. Gib die Kräuter-Mandelmischung in das restliche Wasser in der Pfanne und lasse das Ganze kochen, bis die Sauce andickt.

Nun richte das Huhn auf einer Platte an, lasse die Sauce durch ein grobes Leinentuch darüber laufen. Bestreue das Huhn noch mit etwas Zimt und Ingwer und bringe es auf den Tisch.

Hühnerbirnenbrot

Diese Delikatesse wird gern für Feste und Feiern im Sommer zubereitet und erfreut sich im Auenland großer Beliebtheit. Sie wird warm oder kalt serviert.

Was du brauchst

Nimm für den Teig zwei große Löffel feines Mehl, einen Achtelliter Milch, drei Dotter vom Hühnerei, dreimal das Klare vom Hühnerei und etwas Salz. Für die Füllung brauchst du ein großes Weißbrot, zwei gerupfte und ausgenommene Hühner, drei reife und süße Birnen, zehn dünne Scheiben durchwachsenen Speck, eine Hand voll Speckwürfel, einen Löffel Butter und eine Hand voll getrocknete Weintrauben.

Rezeptur

Wasche die Hühner gewissenhaft und trockne sie danach gut ab. Salze sie gründlich, umwickel sie mit den Speckscheiben, gebe etwas Butter in eine große Pfanne und brate sie sorgsam von allen Seiten gut an. Schäle die Birnen und nimm ihnen die Kerne heraus, dann schneide sie in kleine Würfel.

Wenn die Hühner fast gar sind, gebe die Birnen mit in die Pfanne, ebenso die Rosinen und die Speckwürfel.

Ist das Fleisch dann gut durchgebraten, hole die Pfanne vom Feuer, nehme die Hühner heraus und löse das Hühnerfleisch von den Knochen. Gebe das Fleisch wieder in die Pfanne und vermenge es mit den anderen Zutaten zu einer Masse.

Höhle dann das Weißbrot gründlich aus und fülle es damit. Verrühre nun das Mehl und die Milch gründlich und gebe die Eidotter und etwas Salz hinzu. Schlage dann das Klare vom Ei, bis es schaumig und steif geworden ist, und rühre es unter den Teig.

Nun nimm das gefüllte Weißbrot und wälze es in diesem Teig. Gib es noch einmal in die Pfanne und backe es, bis es goldbraun geworden ist. Ist es fertig und du willst es warm servieren, schneide es sofort in fingerdicke Scheiben. Sonst stell es zur Seite und lasse es abkühlen.

Ingwerfleischbällchen

Dieses Gericht wird gerne zubereitet, wenn eine große Gesellschaft an der Tafel sitzt.

Dabei werden die Fleischbällchen zumeist in rauen Mengen zubereitet, doch habe ich es nie erlebt, dass auch nur eines übrig geblieben ist.

Was du brauchst

Nimm 500 g klein gehacktes Fleisch vom Rind, 500 g klein gehacktes Fleisch vom Lamm, 150 g Mehl, drei Eier, einen großen Löffel geriebenen Ingwer, einen kleinen Löffel geriebene Nelken, zwei große Löffel feines Mehl, drei große Löffel gehackte Petersilie sowie etwas Schmalz.

Mit diesen Zutaten solltest du etwa 40 Bällchen erhalten, die jeweils vier Zentimeter dick sind.

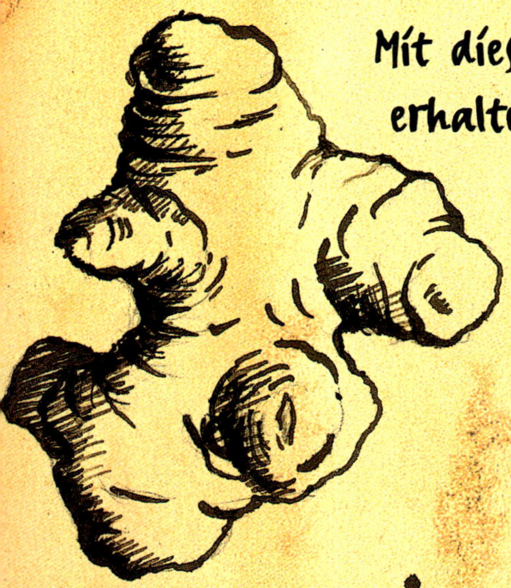

Rezeptur

Mische das klein gehackte Fleisch mit den Eiern, dem Mehl, dem Ingwer und den Nelken, halte dir aber noch etwas Mehl zurück.

Forme aus der Fleischmasse kleine Bälle und wälze diese im restlichen Mehl. Nun werfe sie in kochendes Wasser und belasse sie fünf Minuten dort, bis du sie wieder herausnimmst und zur Seite legst, auf dass sie ein wenig trocknen.

Dann gebe sie noch einmal in die Pfanne und brate sie von allen Seiten knusprig.

Sollen sie schön aussehen, wälze sie nun noch einmal in einer Mischung aus Mehl und Petersilie und gebe sie für einige Minuten in den heißen Backofen.

Nimm sie dann heraus und bringe sie auf einer großen Platte auf den Tisch.

Kohlrabischnitzel

Die Vorfahren der Halblinge zogen in weiten Wanderungen auf der Suche nach Arbeit durch ganz Mittelerde, bevor sie sich vor langer Zeit im Auenland niederließen. Sie kannten daher viele Rezepturen, mit denen sich auch in der Wildnis ein deftiges Mahl schnell improvisieren ließ. War die Jagd also einmal nicht erfolgreich, mussten sie dennoch nicht auf ihr Schnitzel verzichten.

Was du brauchst

Nimm eine Kohlrabi, ein Hühnerei, 100 g feine Brotkrumen, etwas Salz, eine Gewürzmischung aus Lorbeer, Nelken und Ingwer sowie einen Löffel Schweineschmalz.

Rezeptur

Schäle die Kohlrabi und schneide sie in fingerdicke Scheiben. Zerschlage das Ei in einem tiefen Teller und vermische es mit dem Salz und den Gewürzen.

Nun streue in einem weiteren Teller die Brotkrumen aus. Stelle eine Pfanne auf ein kleines Feuer und lasse das Fett darin schmelzen.

Nun wälze die Kohlrabischeiben gründlich in dem Ei und dann sofort in den Brotkrumen. Lege sie in die Pfanne und brate sie von beiden Seiten goldbraun.

Willst du die Kohlrabischnitzel etwas weicher haben, gebe sie vor dem Panieren in einen Topf mit siedendem Wasser und lasse sie einige Minuten darin.

Bringe sie gleich auf den Tisch oder stelle sie zum Abkühlen zur Seite, denn sie schmecken auch noch am nächsten Tag gut.

Maggot'sche Pilze

Wenn der Herbst im Auenland Einzug hält, versammeln sich die Halblinge bisweilen direkt nach dem Frühstück in großen Gruppen, um gemeinsam in den Wald zu ziehen.

Die jüngeren Hobbits sind dann beladen mit Körben voller Proviant für den Vormittag, die Körbe der Ältesten hingegen sind leer.

Wenn sie zurückkehren, ist es umgekehrt. Dann sind die vollen Körbe leer gegessen, die ehedem leeren nun prall gefüllt mit allerlei Waldpilzen.

Sie verstehen schmackhafte Speisen daraus zu bereiten, wobei die im Auenland beliebteste Rezeptur auf Bauer Maggots Frau zurückgeht.

Was du brauchst

Nimm pro Person so viele Pilze, wie du mit zwei Händen aus dem Korb erwischen kannst – Steinpilze, Pfifferlinge, Maronen, Morcheln, oder was du sonst gesammelt hast. Außerdem brauchst du zwei Zwiebeln, eher zu groß als zu klein, reichlich Butter für die Pfanne, Salz, Pfeffer und frisch gerupfte Petersilie. Ebenso eine kleine Kelle Rahm pro Portion. Für den Brei rechne etwa drei Kartoffeln für jeden Esser, einen guten Schuss Milch von der Kuh, Salz, Pfeffer und Muskat. Dazu benötigst du noch einige Knollen Rote Bete.

Rezeptur

Willst du Maggot'sche Pilze machen, musst du schon am Morgen einen Topf mit Wasser auf das Feuer bringen, um die Rote Bete darin zu kochen, bis sie weich geworden sind. Nimm sie dann heraus, lasse sie erkalten, schäle sie, schneide sie in Scheiben und stelle sie zur Seite, bis du mit der Zubereitung der Mahlzeit beginnst.

Dabei halbierst du zuerst die Zwiebeln und schneidest sie in dünne Scheiben, sodass du halbe Ringe erhältst. Putze die Pilze gründlich und schneide sie in kleine Stücke. Hacke die Petersilie. Schäle die Kartoffeln, schneide eine jede in vier Teile und lasse sie in Salzwasser gar kochen.

Ist der Topf mit den Kartoffeln auf dem Feuer, schmelze Butter in der Pfanne und lasse alle Zwiebeln darin glasig werden, dann gebe die Pilze hinzu. Schmore sie auf einem kleinen Feuer und rühre sie immer gut, bis sie schön angedünstet sind. Zum Ende röste sie dann auf einem heißen Feuer, damit ihr Saft verdampfen kann. Würze nicht zu knapp mit Salz, Pfeffer und Petersilie. Hebe dann den Rahm unter die Pilze, und stelle die Pfanne an einen warmen Platz. Wenn die Kartoffeln gar geworden sind, nimmst du sie aus dem Wasser und zerstampfst sie zu einem glatten Brei.

Während du stampfst, gebe mehrmals Milch hinzu und würze mit Salz, Pfeffer und geriebenem Muskat. Verteile den Kartoffelbrei dann auf einer großen, flachen und runden Schale so, dass beinahe der ganze Boden damit bedeckt ist, und du nur am Rand ein wenig Platz lässt. In die Mitte drückst du eine Mulde, in der du dann die gebratenen Pilze verteilst. Verteile zum Schluss die Rote-Bete-Scheiben rundherum auf dem Rand der Schale und bringe sie auf den Tisch.

Pflaumen-Fisch

Fisch ist in der Hobbitküche ein seltener Gast, da die Halblinge sowohl lange Wanderungen wie auch das Wasser scheuen. Wenn sie dennoch Fisch auftischen, was nur für besondere Gäste oder hohen Besuch geschieht, so stammt der zumeist aus dem Brandywein-Fluss.

Was du brauchst

Nimm ein Kilo frischen, festfleischigen Fisch, vier große Zwiebeln, 100 g enthäutete Mandelkerne, 100 g getrocknete Weintrauben, 20 Dörrpflaumen, ein Glas Weiß- oder Rotwein, einen kleinen Löffel Essig, einen kleinen Löffel Butter, eine gute Prise Ingwerpulver und etwas Salz.

Rezeptur

Schneide den Fisch in Stücke und brate ihn gut in einer Pfanne, jedoch nicht zu lange, auf dass er nicht zu weich wird. Nimm ihn dann heraus und stelle ihn beiseite.

Schneide die Zwiebeln in Ringe und brate auch sie in der Pfanne, bis sie schön braun geworden sind. Gib dann die gut gewaschenen Mandeln, die Rosinen und die Pflaumen hinzu, dann den Wein und den Essig.

Lasse alles etwa 20 Minuten auf kleinem Feuer köcheln. Nimm eine weite und flache Schüssel und schichte darin eine Lage Fisch auf und übergieße sie mit der Sauce. Darauf gibst du wieder eine Lage Fisch und eine Lage Sauce und so fort. Bringe es lauwarm oder kalt auf den Tisch.

Ochsenkohlpakete

Wenn im Auenland der Wirsing groß und rund von den Feldern geholt wird, werden in jeder Hobbitküche die Pakete geschnürt.

Man füllt sie praktisch mit allem, was gerade zur Hand ist und einen guten Geschmack verspricht, bevorzugt mit kleinen und gut gewürzten Fleischstückchen.

Die folgende Rezeptur wurde mir als mühsam, aber auch sehr beliebt empfohlen.

Was du brauchst

Nimm einen großen Wirsing, dazu ein halbes Kilo Fleisch vom Rind, vier Scheiben durchwachsenen Speck, einen kleinen Topf Mostrich, sechs reife Tomaten, ein Hühnerei, eine Zwiebel, zwei große Löffel gehackte Petersilie, zwei große Löffel geriebenen harten Käse, etwas Salz und einen Löffel Schmalz.
Außerdem brauchst du einige Ellen dünnen Fadenwerks.

Rezeptur

Auch wenn es ein mühsam Werk ist, hackst du das Fleisch so klein, bis es fast zu Brei geworden.

Dann gib es zusammen mit dem Ei, einem großen Löffel vom geriebenen Käse, der Petersilie sowie dem Salz in eine weite Schüssel.

Knete es so lange mit den bloßen Händen, bis aus allem eins geworden ist und du die einzelnen Zutaten nicht mehr auseinander halten kannst.

Entblättere den Wirsing und suche nur die größten und schönsten Blätter aus. Wasche sie gründlich und koche sie in gesalzenem Wasser einige Minuten, bis sie weich geworden.

Dann nimm sie heraus und breite sie auf einem Leinentuch aus, auf dass sie dort ein wenig trocknen können.

Streiche dann jedes Blatt mit ein wenig Mostrich dünn ein, lege einen mannsfaustgroßen Kloß von der Fleischmasse darauf und in dessen Mitte noch jeweils eine Speckscheibe.

Nun wickelst du die Blätter um die Füllung und bindest sie mit einem feinen Faden zu kleinen Paketen, aber nicht so fest, dass der Faden in die Blätter schneidet.

Stelle eine große Pfanne auf ein kleines Feuer, gib den Schmalz hinein und lasse die Kohlpakete gemeinsam mit der klein gehackten Zwiebel darin etwa 20 Minuten braten. Wende sie vorsichtig, auf dass sie nicht auseinander fallen.

Sind sie von allen Seiten in aller Ruhe angeröstet, gib die geschälten Tomaten hinzu und lasse das Ganze noch etwa eine Viertelstunde in der Pfanne köcheln.

Dann nimm die Pakete und die Tomatenmasse heraus und gib sie in eine große und flache Schüssel, bestreue sie mit dem restlichen Hartkäse und bringe sie auf den Tisch.

Quittendottermus

Da die Halblinge außerordentlich gut mit Pfeil und Bogen umzugehen wissen und sich in den Wäldern des Auenlandes vielerlei gesunde Tiere finden, wird oft genug gebratenes Wildfleisch auf den Tisch gebracht, was sie gut zu würzen verstehen.

Sehr gerne essen die Hobbits dann dieses kalte Mus dazu.

Was du brauchst

Nimm ein Kilo reife Quitten, einen Achtelliter Wasser, 50 g Zucker und drei Dotter vom Hühnerei.

Rezeptur

Wasche die Quitten gründlich, teile sie entzwei und nehme ihnen das Kerngehäuse.

Schäle sie oder schäle sie nicht, doch in kleine Stücke musst du sie nun schneiden.

Dann bringe den Topf mit dem Wasser auf das Feuer und werfe die Quitten hinein, um sie etwa 20 Minuten darin kochen zu lassen, auf dass sie weich werden.

Nehme sie dann aus dem Wasser und quetsche sie zu Mus, wie auch immer dir das gelingen mag. Manche machen es mit den Händen, andere drücken sie stetig mit einer Gabel, wieder andere sah ich die Quitten durch ein grobmaschiges Tuch drücken.

Gebe das Mus dann zurück in den Topf, aus dem du das Wasser geschüttet hast, und bringe ihn wieder auf das Feuer.

Trenne die Eidotter von dem Klaren im Ei und rühre allein die Dotter sowie den Zucker in das Mus, bis alles eins geworden ist.

Dann fülle das Mus in kleine Schüsseln und stelle sie zum Abkühlen zur Seite.

Roter Kohlfleischtopf

Da im Auenland in großen Mengen Kohl auf den Feldern steht, haben die Hobbits eine Vielzahl von Fertigkeiten entwickelt, ihn schmackhaft zuzubereiten.

Besonders beliebt ist diese Rezeptur, wie überhaupt Eintöpfe mit Kohl sehr oft auf den Tisch kommen.

Was du brauchst

Nimm ein Kilo rotes Fleisch vom Schwein,
250 g Speck, eineinhalb Kilo Rotkohl,
250 g geriebenen Hartkäse, acht Zwiebeln,
einen großen Löffel Schmalz, einen halben Liter
Milch, einen Apfel sowie etwas Salz.

Rezeptur

Bringe einen großen Topf auf das Feuer und gebe etwas Schmalz hinein. Schneide die Zwiebeln in grobe Stücke und dünste sie im Topf.

Gebe anschließend den gewürfelten Speck und den klein geschnittenen Apfel dazu, dem du auch die Kerne und die harten Stücke genommen hast.

Nun schneide das Fleisch in kleine Stücke und brate diese im Topf scharf an, gebe dann nach und nach die Milch dazu und verrühre das Ganze.

Nach etwa 15 Minuten gebe auch den Rotkohl hinein. Ist alles gut vermengt, rührst du noch den Käse unter und bringst Salz daran, so viel du magst.

Lasse den Topf dann noch 20 Minuten auf dem Feuer und rühre immer wieder gut um. Hast du zu wenig Flüssigkeit im Eintopf, fülle ein wenig Milch nach, doch achte darauf, dass es keine Suppe gibt.

Weinlinsentopf

Die Halblinge lieben Eintöpfe, sie bereiten sie zumeist in großen Mengen zu.

Gerade während der Ernte, wenn in vielen Familien wenig Zeit für die Arbeit in der Küche bleibt, wird auf Vorrat gekocht.

Bisweilen nach sehr herzhaften Rezepturen wie dieser.

Was du brauchst

Nimm 400 g Linsen, 300 g Zwiebeln, einen großen Löffel Schmalz oder Butter, 800 g Fleisch vom Schweinebauch, zwei Lorbeerblätter, einen Achtelliter roten Wein sowie etwas Salz und Zucker.

Rezeptur

Lasse die Linsen einen halben Tag in etwas mehr als einem Liter Wasser liegen, um sie weich zu machen.

Dann bring einen großen Topf auf das Feuer und geben den Schmalz oder die Butter hinein. Hacke die Zwiebeln klein und lasse sie eine gute Zeit im Topf dünsten.

Schneide das Fleisch in kleine Würfel und werfe es zu den gedünsteten Zwiebeln in den Topf.

Gebe auch die Lorbeerblätter und die Linsen mit dem Wasser dazu, verrühre alles gut und lasse es auf einem kleinen Feuer eine und eine halbe Stunde köcheln.

Kurz vor dem Ende der Garzeit füllst du den Wein hinein und lässt ihn noch einige Minuten mitkochen.

Zum Schluss kannst du alles würzen, wie du es magst, nimm Salz und Zucker und probiere, wann es gut ist.

Bringe noch eine Platte mit Weißbrotscheiben auf den Tisch, die du dick mit frischer Butter bestrichen hast.

Machst du den Eintopf für Kinder, lasse den Wein heraus und gebe dafür einige Tropfen Weinessig hinzu.

Schmorzwiebelsalat

Ein sehr würziger Salat, der gerne zu Fleischgerichten auf den Tisch gebracht wird.
In manchen Familien habe ich es gesehen, dass sie noch harten Käse über den fertigen Salat gerieben haben, doch kann dies jeder selbst entscheiden.

Was du brauchst

Nimm 800 g mittelgroße, nicht so scharfe Zwiebeln, einen großen Löffel Butter, einen großen Löffel Essig, ein wenig Nelken- und Lorbeerpulver sowie etwas Zimt, Ingwer und Salz.

Rezeptur

Lege die Zwiebeln in die Glut des Feuers oder bringe sie in den glühenden Ofen und lasse sie dort etwa eine Stunde, bis sie gar geworden sind.

Nimm sie dann heraus uns lasse sie abkühlen.

Wenn sie kalt genug geworden sind, schäle und schneide sie mit einem scharfen Messer in feine Scheiben.

Such dir eine Schüssel und gebe sie hinein.

Dann bringe so viel von den Gewürzen daran, wie du es magst.

Zum Schluss gebe den Essig darüber, verrühre alles gut und bringe es in der Schüssel auf den Tisch.

Rahmsuppe

Diese Suppe bringen die Halblinge gerne als Vorspeise zu einem schweren Braten-Mahl auf den Tisch.

Sie sagen, es sei angenehmer, wenn stark gewürztes Fleisch in einen „gut mit Rahm ausgeschlagenen Magen" kommt.

Sie sagen auch, man könne dann mehr vom roten Wein vertragen, den sie gerne zum Braten trinken.

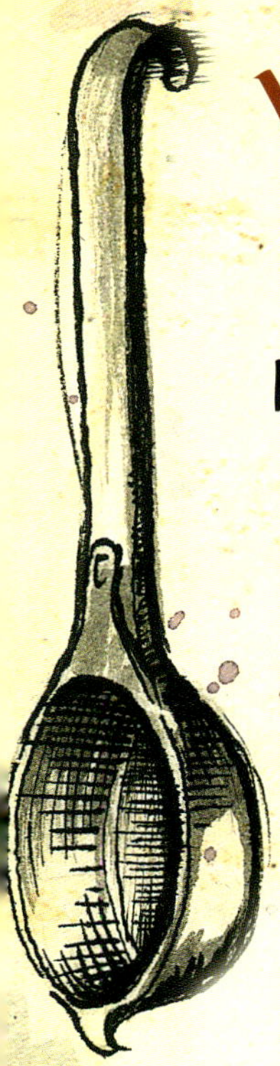

Was du brauchst

Nimm einen halben Liter Milch, einen Viertelliter süßen Rahm, vier Dotter vom Hühnerei, vier Scheiben weißes Brot, einen großen Löffel Schmalz oder Butter und so viel Zucker, wie du magst.

Rezeptur

Verrühre die Milch mit dem Rahm in einem Topf und bringe ihn auf das Feuer.

Dann mache aus den Eidottern eine Masse und rühre sie ebenfalls in den Topf.

Lasse alles auf einem kleinen Feuer einige Minuten ziehen und rühre die Suppe dabei immer wieder um.

Schneide das Brot in kleine Würfel und röste sie in einer Pfanne mit etwas Schmalz oder Butter goldbraun.

Gebe sie dann in die Suppe. Nun streue noch Zucker darüber, wie du es magst, und bringe den dampfenden Topf auf den Tisch.

Wildschweinbraten mit Honigkruste

Ein wahres Festessen im Auenland, welches für besondere Anlässe zubereitet wird.

Zum Wildschweinbraten bringen die Hobbits gerne in Salzwasser gekochtes Gemüse und eine große Schale Preiselbeeren auf den Tisch.

Was du brauchst

– Nimm einen großen Braten aus der Wildschweinkeule, etwa 150 g in feine Streifen geschnittenen Speck, einen ganzen Liter Honigmet, einen großen Löffel Honig, sechs reife Äpfel, einige zermahlene Salbeiblätter, etwas Salz sowie reichlich Butter oder Schweineschmalz

Rezeptur

Spicke den Braten rundum mit den Speckstreifen, reibe ihn dann mit dem Salbei ein und brate ihn in einer großen Pfanne von allen Seiten scharf an.

Gieße dann den Honigmet in die Pfanne und lasse den Braten darin weitergaren.

Schäle die Äpfel, nimm ihnen die Kerne und die harten Stücke und teile jeden dann in vier Teile.

Gebe die Apfelstücke ebenfalls in die Pfanne, kurz bevor der Braten gar geworden ist.

Reibe ihn dann mit dem Honig ein. Wenn er auch im Innersten gar geworden ist, gebe ihn auf eine großen Platte und schneide ihn am Tisch mit einem langen Messer auf. Schöpfe den Honigmet als Sauce zu dem Fleisch.

Rahmschinkenscheiben

Weil nicht immer frisches Fleisch in der Speisekammer zu finden und auch die Jagd manchmal erfolglos ist, verstehen sich die Halblinge darauf, auch aus Geräuchertem ein wohl schmeckendes Fleischgericht zu bereiten.

Sie bringen dazu gerne einen grünen Salat, der mit Honig, Rahm und gerösteten Zwiebelstücken angemacht ist, auf den Tisch sowie einen Korb mit knusprigem Weißbrot.

Was du brauchst

Nimm pro Person mindestens eine ordentliche Scheibe geräucherten Schinken, die jeweils so dick ist wie der kleine Finger eines großen Hobbits, einen Becher Milch, zwei große Löffel Butter, einen halben Liter Rahm, einen Löffel Mehl sowie etwas Salz.

Rezeptur

Lege die Schinkenscheiben in die Milch und lasse sie etwa drei Stunden darin ziehen.

Nimm sie dann heraus und klopfe sie mit einem Holzhammer oder mit einem Stein. Bringe eine große Pfanne über das Feuer und lasse die Butter darin schmelzen.

Gebe dann den Schinken hinein und brate ihn kurz von beiden Seiten, nicht zu lange, sonst wird er hart und trocken.

Wenn er gut ist, nimm ihn heraus und stelle ihn an einen Platz, wo er warm bleibt.

Nun fülle den Rahm in die Pfanne zu dem Bratfett und rühre aus beidem eine feine Sauce, indem du auch das Mehl und etwas Salz hinzugibst.

Wenn die Sauce fertig ist, gieße sie über das Fleisch und bringe es auf den Tisch.

Tee-Zeit

Die Halblinge versuchen sich ihren Tag stets so einzuteilen, dass sie zum Nachmittag alle schweren Arbeiten erledigt haben.

Denn dann wartet die Tee-Zeit, eine feste Mahlzeit im Auenland, zu der man es sich gemütlich macht und an normalen Tagen auch gerne den ersten Besuch empfängt, allerdings nur von guten Freunden oder nahen Verwandten, vor denen man sich nicht genieren muss, wenn man die Füße hochlegt oder sich auf dem Sofa streckt.

Nach der Tee-Zeit werden dann meist nur noch kleinere Arbeiten im Haushalt erledigt, man widmet sich den Gartenblumen oder führt wichtige Gespräche mit dem Nachbarn.

Gebratene Aprikosenschnitten

Diese süße Speise wird zumeist zur Tee-Zeit auf den Tisch gebracht, wobei die Rezeptur sich darin unterscheidet, ob man sie für Kinder oder Erwachsene zubereitet.

Wenn etwas übrig bleibt, essen die Hobbits die Aprikosenschnitten auch gern als kalte Zwischenmahlzeit, doch passiert dies eher selten.

Was du brauchst

Nimm ein halbes Kilo reife Aprikosen, vier große Löffel Zucker, einen halben Liter weißen Wein – oder die gleiche Menge Aprikosensaft, wenn du sie für Kinder bereiten willst –, einen oder zwei Löffel feines Mehl, acht dicke Scheiben Weißbrot und reichlich Butter.

Rezeptur

Wasche die Aprikosen, nimm ihnen Stiele, Blätter und Steine und gib sie zusammen mit dem Wein/Aprikosensaft und dem Zucker in einen Topf. Belasse ihn etwa eine Viertelstunde auf einem kleinen Feuer.

Verrühre derweil das Mehl mit ein wenig Wasser und gib es zu den Aprikosen in den Topf, damit die Masse andickt.

Stelle dann eine große Pfanne über das Feuer und bringe die Butter darin zum Schmelzen. Brate darin die Weißbrotscheiben von beiden Seiten, bis sie goldbraun sind. Verteile sie auf flachen Tellern und übergieße sie mit der Aprikosenmasse.

Du kannst die fertigen Aprikosenschnitten nun noch mit Zucker bestreuen, wenn du sie gerne sehr süß magst. Machst du die Aprikosenschnitten für Kinder, so brauchst du natürlich insgesamt mehr Aprikosen, um einen halben Liter ihres Saftes zu gewinnen.

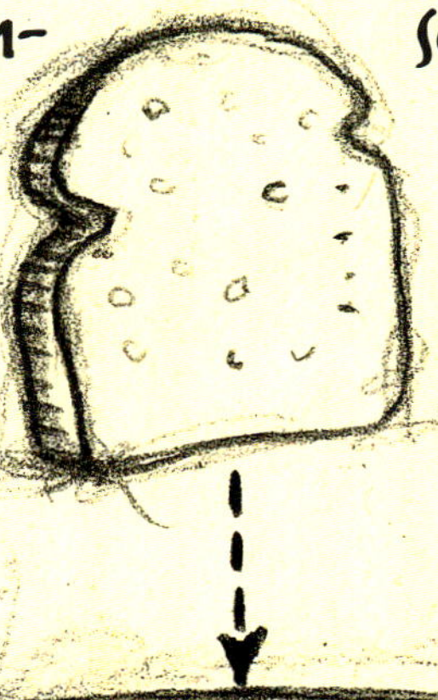

Honigkäse

An festlichen Tagen wird zur Tee-Zeit gern der Honigkäse auf den Tisch gebracht, oftmals gemeinsam mit einer großen Kanne stark gesüßtem Tee und einer Schüssel Mürbekeksen.

Was du brauchst

Nimm vier große und dicke Scheiben harten, reifen Käse, drei bis vier große Löffel Honig und einen großen Löffel Butter.

Rezeptur

Bringe eine große Pfanne auf das Feuer und schmelze die Butter darin. Gib dann den Honig hinein und lasse ihn so lange darin zergehen, bis er zu schäumen anfängt.

Schneide von den Käsescheiben – die ungefähr so dick sind wie der kleine Finger eines großen Hobbits – die Ränder ab und lege sie in die Pfanne zu dem schäumenden Honig.

Wende den Käse einige Male, bis er schließlich anfängt zu zerlaufen. Dann lege ihn rasch auf warme und flache Teller, übergieße ihn mit dem Honig aus der Pfanne und bringe es auf den Tisch.

Rosinenkuchen

Man sagt im Auenland, dass dieser einfache Kuchen die erste und die letzte Leckerei im Leben eines Hobbits sei.

Er wird von Jung und Alt mit Freude gegessen und beinahe ausschließlich zur Tee-Zeit auf den Tisch gebracht – oder irgendwann zwischendurch.

Was du brauchst

Nimm 500 g feines Mehl, zwei große Löffel Butter, 300 g Zucker, drei Eier vom Huhn, einen Viertelliter Milch, eine Hand voll Mandelkerne, 100 g Rosinen, einen kleinen Löffel Zimt sowie etwas Salz.

Rezeptur

Gebe die Rosinen in einen Topf mit klarem Wasser und lasse sie eine Viertelstunde darin quellen.

Zerstoße die Mandelkerne in kleine Stücke. Zerschlage die Eier in eine weite Schüssel und verrühre sie kräftig mit dem Zucker, gebe auch das Salz hinzu.

Stelle einen kleinen Topf auf das Feuer, fülle die Milch hinein und schmelze die Butter in der warmen Milch.
Lasse die Milch dann wieder abkühlen, bevor du sie mit dem Ei und dem Zucker zusammenbringst.

Rühre alles gründlich und gebe nach und nach auch das ganze Mehl hinzu, bis ein Teig daraus geworden ist.

Nehme dann die Rosinen, bestreue sie mit ein wenig Mehl und knete sie zusammen mit den Mandelkernen in den Teig, bis du sie darin gut verteilt hast. Streue auch den Zimt hinein.

Nun suche eine flache Schüssel mit einem steilen Rand und reibe sie gut mit Butter ein.

Fülle den Teig hinein, streiche ihn glatt und schiebe ihn in den heißen Ofen. Lasse ihn dort 40 Minuten und prüfe dann, ob er bereits ganz durchgebacken ist.

Nimm ihn heraus, wenn du ihn für gut befindest. Bringe ihn warm oder kalt auf den Tisch und gebe reichlich Rahm und süße Früchte dazu.

Köttelklumpen

Bei den Hobbitkindern geht es immer sehr lustig zu, wenn diese Speise auf den Tisch kommt.

Die Erwachsenen erzählen den Kindern dazu gern die Lügengeschichte, dass ein Teil der Zutaten aus dem Kaninchenstall stammt …

Die Kinder essen die süßen Köttelklumpen auch kalt sehr gerne.

Dazu gibt es meist noch einen Pudding und reifes oder gekochtes Obst.

Was du brauchst

Nimm für den Teig 400 g feines Mehl, drei Eier vom Huhn, einen großen Löffel Zucker, einen Achtelliter Milch, 200 g Butter, vier süße Äpfel, 200 g getrocknete Weintrauben und etwas Salz. Auch Zimtzucker zum Überstreuen benötigst du noch.

Rezeptur

Schlage die Eier in eine große Schüssel, gebe einen großen Löffel Zucker, die Milch und etwas Salz hinzu und verrühre alles gut.

Schmelze die Butter und rühre sie unter den Teig. Dann gebe nach und nach das ganze Mehl in die Schüssel und höre nicht zu rühren auf, bis alles eins geworden ist.

Schäle die Äpfel, nimm ihnen die Kerne und die harten Teile und schneide sie in kleine Würfel.

Wasche die getrockneten Weintrauben gründlich und trockne sie auf einem sauberen Tuch.

Gebe nun die Apfelstücke und die getrockneten Weintrauben zu dem Teig und knete ihn so lange, bis du alles gut darin verteilt hast.

Bringe einen großen Topf mit gesalzenem Wasser auf das Feuer und warte, bis es zu kochen anfängt.

Forme aus dem Teig nun etwa 20 runde Klumpen und werfe sie in das kochende Wasser.

Lasse sie etwa 20 Minuten darin garen, und dann nehme sie heraus. Schmelze in einer kleinen Pfanne noch Butter so viel du magst, um die Köttelklumpen damit zu übergießen.

Streue Zimtzucker darüber und bringe sie auf den Tisch.

Minzkrümel-zwetschgen

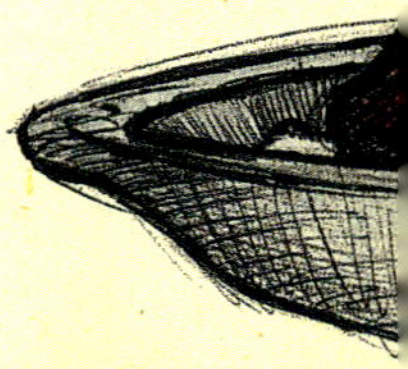

Die Halblinge lieben süße Speisen, denn mit solchen Leckereien füllen sie gerne die Zeit zwischen den Mahlzeiten.

Speziell diese Speise wird jedoch bevorzugt zur Tee-Zeit zubereitet.

Was du brauchst

Nimm ein Kilo reife, aber feste Zwetschgen, eine Hand voll Minzeblätter, den Saft zweier reifer Birnen, frischen Rahm, 100 g feines Mehl, sechs große Löffel Zucker, 100 g Butter sowie etwas Muskatnuss.

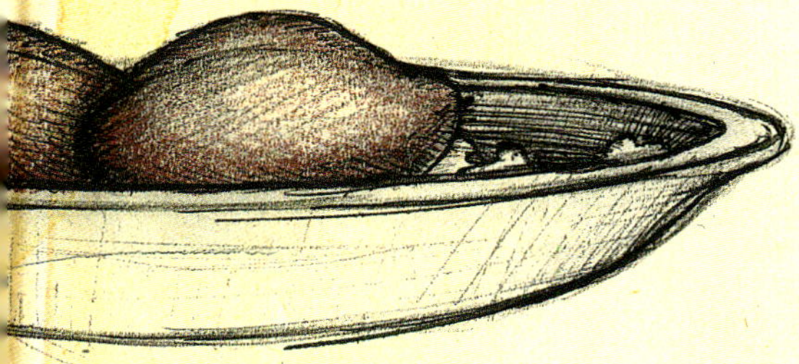

Rezeptur

Wasche die Zwetschgen gründlich, schneide sie auf und nehme ihnen die Steine.

Gebe sie dann in eine flache, irdene Schüssel, die einem starken Feuer im Ofen standhält.

Hacke die Minzeblätter sehr klein und vermenge sie mit den Zwetschgen.

Streue dann zwei große Löffel Zucker und etwas Muskatnuss darauf.

Lass den Birnensaft darüber tropfen und stelle die Schüssel einige Zeit zur Seite.

Nun verknetest du das Mehl, den restlichen Zucker und die Butter zu groben Streuseln, die du gleichmäßig über die Zwetschgen verteilst.

Stelle das Ganze in den heißen Backofen und lasse es etwa eine halbe Stunde dort.

Serviere die warmen Zwetschgen auf flachen Tellern und gebe einen kräftigen Schlag frischen Rahm dazu.

Karottenkuchen

Ein beliebter Kuchen bei Groß und Klein, denn er ist schnell zubereitet und „legt sich nicht so sehr auf die Hüften“, so sagen die Hobbits.

Wohl deshalb verzehren sie ihn in großen Mengen und stellen gerne eine große Kanne gezuckerten Kaffee mit auf den Tisch.

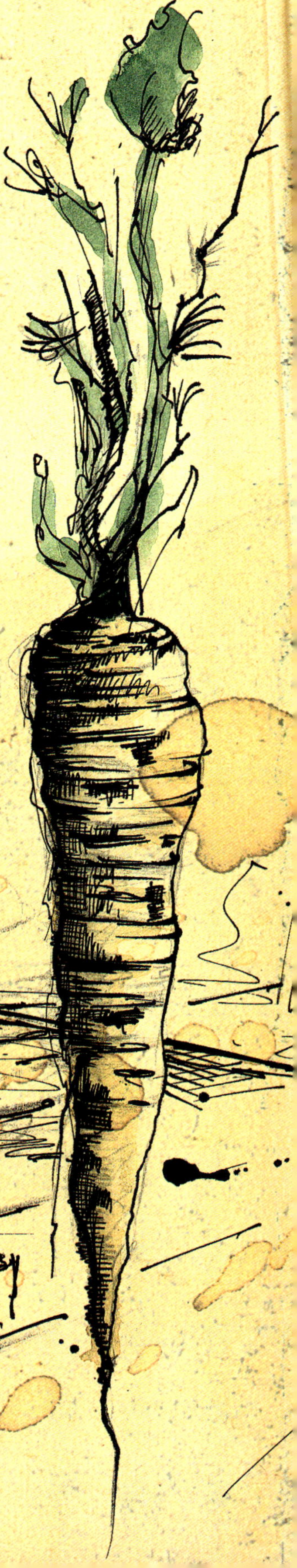

Was du brauchst

Nimm 200 g Karotten, 200 g Mandelkerne, 200 g Zucker, 200 g Butter, fünf Hühnereier und einen großen Löffel Honig.

Rezeptur

Schäle die Karotten und hacke sie sehr klein. Gebe die Mandelkerne kurz in kochendes Wasser, dann kannst du ihnen ganz leicht die feine Haut abziehen.

Anschließend hacke auch die Mandelkerne ganz klein. Schmelze die Butter in einem kleinen Topf und gebe den Zucker und die Eidotter dazu.

Ist dies alles vermengt, gebe noch die Karotten und die Mandeln hinzu.

Schlage nun das Klare der Eier in einer hohen Schüssel so lange, bis es schaumig und steif geworden ist.

Rühre es dann vollständig unter den Teig, auf dass dieser schön locker wird.

Nun reibe eine flache Schüssel mit reichlich Butter ein, fülle den ganzen Teig hinein und streiche ihn an der Oberfläche ganz glatt.

Stelle ihn nun in den heißen Ofen und backe ihn so lange, bis er schön braun geworden ist, was nach etwa einer halben Stunde der Fall ist.

Ist er braun gebacken, nehme ihn aus dem Ofen, streiche ihn mit Honig ein und stelle ihn zum Abkühlen zur Seite.

Serviere ihn mit einer Schüssel frischem Rahm, von dem sich jeder nehmen kann, so viel er mag.

Haselnusspudding

Pudding wird von den Hobbits eigentlich zu jeder Tageszeit begrüßt, zwischen dem Frühstück und dem Nachtmahl finden sie immer wieder einen geeigneten Anlass für eine Schüssel Pudding. Zur Tee-Zeit passt er natürlich am besten. Ich habe viele Hobbits sagen hören, sie könnten bei einer Schüssel Haselnusspudding besser nachdenken und bestimmte Dinge abwägen.

Was du brauchst

Nimm 200 g Haselnusskerne, ein halben Liter euterfrische Milch, 75 g Zucker, 50 g feines Mehl, zwei Scheiben weißes Brot, einen Löffel Butter und drei Dotter vom Hühnerei.

Rezeptur

Zerstoße die Haselnusskerne mit einem Mörser oder hacke sie mit einem Messer sehr klein.

Lege das weiße Brot in etwas Milch und lasse es einweichen, bis du es mit der Milch zu einem feinen Brei rühren kannst.

Bringe nun die übrige Milch, den Zucker und das Mehl zusammen und vermenge es. Gebe die zerkleinerten Haselnüsse und den Weißbrotbrei dazu und verrühre alles gut.

Fülle alles in einen Topf und stell ihn auf ein kleines Feuer, bis die Masse kocht. Höre währenddessen nicht auf, alles gründlich zu rühren.

Nimm dann den Topf vom Feuer und rühre die Eidotter und die Butter in die Masse.

Roche den Pudding noch einmal kurz auf und verteile ihn dann auf kleine Schalen, die du zum Abkühlen beiseite stellst.

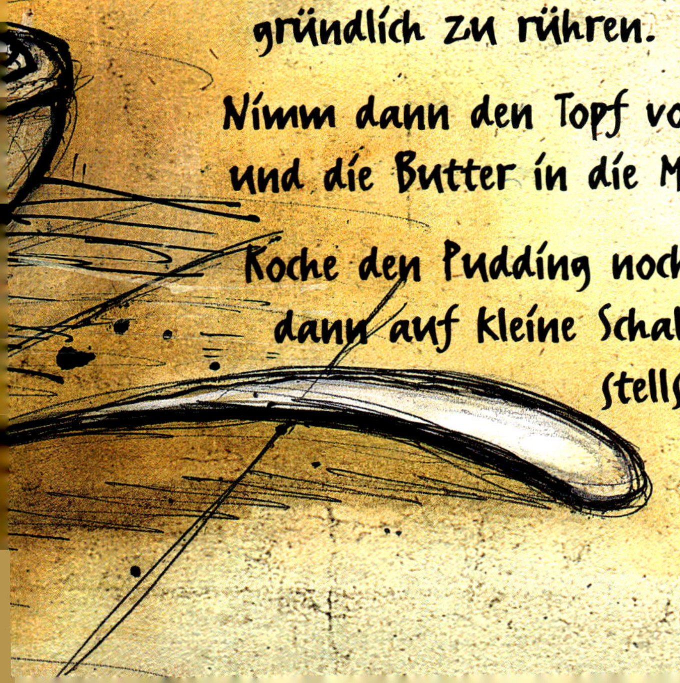

Kirschbrotkuchen

Wie schon an anderer Stelle erwähnt, gilt es im Auenland beinahe als Verbrechen, Lebensmittel verderben zu lassen.

So gibt es eine Vielzahl an Rezepturen, in denen die Reste vom Vortag genutzt werden.

Das auch aus altbackenem Brot im Auenland noch eine leckere Süßspeise werden kann, zeigt diese Rezeptur.

Was du brauchst

Nimm 250 g altbackenes, dunkles Brot, einen Viertel Liter Milch von der Kuh, 80 g Butter, 100 g Zucker, vier Hühnereier, einen halben kleinen Löffel Zimt, etwa 70 g frisches Brot, 60 g klein gehackte Mandelkerne, ein Kilo frisch gepflückte, schwarze Kirschen sowie etwas Butter.

Rezeptur

Fülle die Milch in einen Topf und bringe ihn auf das Feuer. Schneide das alte Brot in kleine Würfel und werfe sie in die Milch, wenn sie kocht. Lasse das Brot einige Minuten darin, bis es ganz weich geworden ist. Passiere dann alles durch ein Sieb und stelle es zur Seite.

Trenne nun die Eidotter von dem Klaren und gebe sie zusammen mit der Butter und dem Zucker in eine Schüssel. Verrühre alles kräftig so lange miteinander, bis es etwa das doppelte Volumen erreicht hat und gebe zum Schluss noch das Zimtpulver dazu.

Schneide das frische Brot ebenfalls in Würfel und röste es in einer kleinen Pfanne mit etwas Butter, bis es von allen Seiten schön braun geworden. Nimm nun das durchpassierte alte Brot, die gerösteten Brotwürfel, die gehackten Mandelkerne und alle Kirschen – denen du die Steine genommen hast – und rühre sie unter die Eiermasse.

Schlage dann das Klare von den Hühnereiern so lange, bis es steif geworden ist und hebe es unter den Teig. Nimm eine mittelgroße Form, fette sie innen mit etwas Butter, fülle den ganzen Teig hinein und streiche ihn oben ganz glatt. Dann stelle die Form in den heißen Ofen und sehe nach einer Dreiviertelstunde wieder danach.

Ist der Kuchen dann schon gar, nimm ihn heraus und bringe ihn entweder heiß auf den Tisch oder zum Abkühlen zur Seite.

Ob du ihn nun heiß oder kalt essen willst – stelle auf jeden Fall eine Schüssel frischen Rahm mit dazu.

Abendessen und Nachtmahl

Ich habe lange gebraucht, um zu erkennen, dass Abendessen und Nachtmahl nicht ein und dieselbe Mahlzeit ist, wie viele es glauben.

Tatsächlich dauert bei den Halblingen das Abendessen zumeist so lange an, dass zum folgenden Nachtmahl, der endgültig letzten festen Mahlzeit des Tages, kaum noch ein zeitlicher Abstand ist.

Spätestens zum Abendessen sind alle Mitglieder einer Hobbitfamilie wieder gemeinsam am Tisch, und da keine Arbeit mehr wartet, die zum Aufstehen drängt und beinahe jeder etwas zu erzählen hat, ist es die sicherlich längste und lauteste Mahlzeit des Tages.

Das Ende des Abendessens kann man als Außenstehender daran erkennen, dass sich der älteste Hobbit am Tisch eine Pfeife stopft.

Dies ist für alle das Zeichen, dass nun die Kinder ins Bett geschickt werden und ein Krug mit Wein oder mit frischem Bier auf den Tisch kommt.

Was danach noch aufgetischt wird, gehört bereits zum Nachtmahl.

Auenländische Milchsuppe mit Mehlfetzen

Beliebt als Nachtmahl an einem kalten Herbst- oder Winterabend. Die Suppe ist sehr schnell zubereitet und sättigt auch den hungrigsten Hobbit. Wenn es Milchsuppe gibt, steht immer auch eine Schale Zucker und eine Schale Salz auf dem Tisch, denn auch bei den Hobbits sind die Geschmäcker verschieden. Oft habe ich gesehen, dass Brote mit würziger Leberwurst zur Milchsuppe gereicht werden, fertig gestrichen und auf flachen Tellern gehäuft.

Was du brauchst

Nimm einen Liter euterfrische Milch, fünf große Löffel feines Mehl, ein großes Hühnerei, einen großen Löffel Zucker, einige Prisen Salz.

Rezeptur

Stelle einen Topf auf das Feuer und gebe die Milch mit dem Zucker hinein. Streue das Mehl in eine flache Schüssel und schlage das Hühnerei dazu.

Du brauchst einen Teig, der sich zu kleinen Klumpen, Fetzen und Krümeln formen lässt. Ist er zu feucht, gebe so lange Mehl dazu, bis er klumpig und krümelig genug ist.

Der Teig muss fertig sein, bevor die Milch hoch kocht, denn dies ist ein wichtiger Moment für das rechte Gelingen der Mehlfetzen. Hobbits schwören darauf, dass sie am besten sind, wenn sie direkt in die hoch kochende Milch geworfen werden. Die große Hitze soll ihrem Geschmack zuträglich sein.

Gibst du sie also zur rechten Zeit hinein, kannst du den Topf dann auch schon vom Feuer nehmen und ihn für etwa zwei Minuten abdecken, damit die Mehlfetzen gut andicken. Rühre dann noch einmal kräftig um und bringe den dampfenden Topf auf den Tisch.

Kümmelkuchen

Die Halblinge backen diesen flachen Kuchen auf einer großen, ehernen Platte, die sie in den Ofen schieben können.

Wie stark sie ihn mit Kümmel würzen, hängt ganz von ihrer Stimmung ab.

Was du brauchst

Nimm für den Teig 500 g feines Mehl, 250 g fetten Quark, einen Achtelliter geschmolzene Butter, einen kleinen Löffel Salz und zwei Eier vom Huhn.

Für den Belag brauchst du 500 g jungen Käse, 400 g harte Lammwurst, vier große Zwiebeln, acht Eier vom Huhn, einen Viertelliter Rahm, einen Viertelliter Milch, Kümmel so viel du magst und noch etwas Salz.

Rezeptur

Gebe den Quark, die Eier und die geschmolzene Butter in eine große Schüssel und verrühre alles gut.

Dann schütte nach und nach das Mehl und das Salz hinzu und knete alles so lange, bis ein guter Teig daraus geworden ist. Nimm eine Ofenplatte und rolle den Teig flach darauf aus, bis er an allen Seiten der Platte angekommen ist.

Nimm dann die Zwiebeln, schäle und schneide sie in dünne Halbringe.

Bringe eine Pfanne auf das Feuer und schmore darin die Zwiebeln in etwas Butter.

Schneide die Lammwurst und den Käse in so kleine Stücke, wie du es schaffst, vermenge sie in der Pfanne mit den geschmorten Zwiebeln und verteile diese Masse gleichmäßig auf dem ausgerollten Teig.

Schlage die Eier in eine Schüssel, gebe den Rahm, die Milch und etwas Salz hinzu, verrühre alles kräftig und gieße es als obere Schicht auf den Teig.

Nun streue Kümmel über den ganzen Kuchen, aber verwende ihn sparsam.

Schiebe die Platte in den heißen Ofen und lasse sie dort mindestens eine halbe Stunde.

Dann siehe nach und nimm den Kuchen heraus, wenn er gut ist.

Teile ihn mit einem großen Messer in gleiche Stücke, so viel du brauchst, und bringe die ganze Platte auf den Tisch. Stelle einen Krug weißen Wein dazu.

Biersuppe mit Röstbrot

Diese Suppe wird von den Hobbits gerne dann zu einem späten Nachtmahl auf den Tisch gebracht, wenn der Besuch endlich müde werden und nach Hause gehen soll.

Bei falscher Dosierung der Zutaten erreicht man damit jedoch das Gegenteil und die Gäste werden mit jeder Kelle lustiger.

Was du brauchst

Nimm einen halben Liter nicht zu starkes Bier, einen halben Liter frische Milch, einen halben Liter Wasser, eine große Hand voll getrockneter Weinbeeren, zwei große Löffel feines Mehl, einen kleinen Löffel Zimt, zwei oder drei große Löffel Zucker, ein Dotter vom Hühnerei, einige Scheiben weißes Brot, zwei große Löffel Butter sowie etwas Salz.

Rezeptur

Bringe einen großen Topf über das Feuer, gebe das Bier und das Wasser hinein und koche beides zusammen mit den Weinbeeren.

Dann verrühre die Milch mit dem Mehl, schütte sie in den Topf und höre nicht auf, kräftig zu rühren. Wenn die Suppe kocht, so nimm sie schnell vom Feuer und rühre noch eine Zeit weiter, damit sie nicht gerinnt.

Nun gebe den Zucker, den Zimt, das Salz und den Eidotter hinzu und rühre weiter, bis alles eins geworden ist. Stelle nun eine Pfanne auf das Feuer und schmelze die ganze Butter darin.

Ist die Butter flüssig, so röste die Brotscheiben in der Pfanne, bis sie von beiden Seiten schön knusprig geworden sind.

Stelle dann den Topf mit der Suppe auf den Tisch, die gerösteten Brotscheiben häufe auf einem Teller und stelle sie dazu.

Kopfbrummer

Wenn am nächsten Tag nicht eine frühe Arbeit getan werden muss und viele Gäste zu Besuch sind, kommen zum Nachtmahl im Winter diese gebratenen Äpfel auf den Tisch, oft in erschreckender Anzahl.

Ihre Wirkung ob des Weines auf die Stimmung ist gewaltig; genießt man sie in zu großen Mengen, was die Halblinge gerne tun.

Das böse Erwachen am nächsten Tag schreckt sie nicht.

Was du brauchst

Nimm vier möglichst große Äpfel – die größten, die du finden kannst –, vier kleine Löffel Butter, vier große Löffel Johannisbeergelee, einen halben Liter weißen Wein, eine Hand voll getrocknete Weintrauben, zwei große Löffel Zucker, zehn gehäutete Mandelkerne und einen kleinen Löffel Zimt.

Rezeptur

Schäle die Äpfel nicht, doch wasche sie gründlich. Reiße ihnen den Stiel aus und dann steche ihnen das Kerngehäuse vorsichtig heraus, auf dass der Boden der Äpfel nicht verletzt wird.

Hacke nun die Mandelkerne in grobe Stücke, vermenge sie mit dem Johannisbeergelee und den Weintrauben und fülle diese Masse in die Äpfel. Gib auf jeden Apfel einen Löffel Butter dazu.

Dann gieße den ganzen Wein in eine weite Form, stelle die Äpfel hinein und schiebe sie in den heißen Ofen. Lasse sie darin, bis sie an den Seiten aufplatzen. Nimm sie dann heraus, bestreue sie mit Zimt und Zucker und serviere sie dampfend.

Bohnenweizensuppe

Diese Suppe wird von den Halblingen gerne an kalten und dunklen Winterabenden zubereitet, denn sie „wärme den Magen in einer besonderen Weise", wie sie sagen.

Was du brauchst

Nimm 300 g weiße Bohnen, 250 g Weizen, eine große Karotte, eine feste Stange Sellerie, eine Hand voll Salbeiblätter, einen Löffel Schmalz, etwas Salz sowie eine kleine Schale mit geraspeltem Hartkäse.

Rezeptur

Diese Suppe will lange vorbereitet sein, weshalb du schon einen halben Tag vorher mit der Arbeit beginnst. Wasche die weißen Bohnen und den Weizen gründlich und lasse beides einen halben Tag in frischem Wasser quellen.

Nimm die Bohnen dann aus dem Wasser und koche sie eine gute Stunde lang zusammen mit den Salbeiblättern und etwas Schmalz in einem Topf mit reichlich Wasser.

Schneide die Karotte und den Sellerie in kleine Stücke und röste beides in einem weiteren Topf mit etwas Schmalz. Hole die Bohnen aus dem Topf, wenn sie lang genug gekocht haben, und zerdrücke sie mit etwas Wasser so lange, bis ein dickflüssiger Brei daraus geworden ist.

Gib diesen Brei nun zu dem angerösteten Gemüse und koche es damit einige Minuten auf. Gib dann auch den Weizen hinzu und koche alles etwa noch eine Viertelstunde. Rühre stets gut um, damit nichts anbrennt.

Nimm dann den Topf vom Feuer und lass die Suppe etwas ruhen, auf dass sie fester werde. Serviere sie auf weiten Tellern und streue auf jede Portion einen großen Löffel geraspelten Hartkäse.

Linsenmus

Zum dampfenden Linsenmus serviert man im Auenland auf flachen Tellern ganze Türme von dick mit Butter bestrichenem Schwarzbrot und in Würfel geschnittene Hartwurst.

Was du brauchst

Nimm 500 g grüne Linsen, einen Kräuterstrauß aus Petersilie, Salbei, Rosmarin und Basilikum, drei große Löffel Butter, sechs große Löffel geriebenen Hartkäse, vier Hühnereier und etwas Salz.

Rezeptur

Lasse die Linsen in der vierfachen Menge Wasser zusammen mit der Butter und den Kräutern auf einem kleinen Feuer köcheln, bis die Linsen sehr weich sind.

Salze sie erst am Ende der Kochzeit. Falls du dann noch viel Wasser im Topf hast, schütte es beiseite.

Nun zerstampfe die Linsen mit allem, was hineinkommt, bis es zu einem Mus geworden ist.

Bringe die Linsen noch einmal über das Feuer und erhitze sie, währenddessen du die Hühnereier mit dem Käse zusammenbringst.

Dann nimm den Topf vom Feuer und vermische die Linsen gründlich mit der Eier-/Käse-mischung und stelle den ganzen Topf auf den Tisch.

Speckpflaumen

Eine gern gesehene kleine Mahlzeit bei den Halblingen, wenn sie am Abend in großer Runde einen Krug Bier leeren und dabei knifflige Rätsel lösen.

Ein Korb mit weißem, ungesüßtem Brot wird immer dazu gestellt.

Was du brauchst

Nimm so viele getrocknete Pflaumen, wie du essen magst sowie entsprechend viele Speckstreifen, die einen ordentlichen Fettrand haben.

Hast du keinen Speck, so kannst du auch Dörrfleisch verwenden.

Rezeptur

Umwickle die Pflaumen mit je einem Streifen von dem Bauchspeck, sodass sie schön stramm sitzen.

Dann stecke kleine Spieße hindurch, nimm am besten solche aus Holz.

Nun bring eine Pfanne auf das Feuer, gebe etwas Schmalz hinein und brate die Speckpflaumen darin so lange, bis sie von allen Seiten schön knusprig geworden sind.

Süße Speckstreifen

Bei diesem Gericht gehen die Meinungen im Auenland weit auseinander, ob es sich um eine süße oder um eine würzige Speise handelt.

Einig ist man sich jedoch darin, dass dies eines der ältesten Rezepte des Auenlandes ist.

Was du brauchst

Nimm pro Person eine dicke Scheibe Bauchspeck, eine Schale klein gehackte Petersilie, Zimt, Zucker, reichlich weißes Brot und einen schweren Rotwein.

Rezeptur

Bringe eine Pfanne auf das Feuer und brate den Bauchspeck ohne Schmalz von beiden Seiten scharf an. Dann nehme die Speckscheiben aus der Pfanne, lege sie auf einen flachen Teller und würze sie mit dem Zimt und dem Zucker.

Bestreue sie noch mit gehackter Petersilie und serviere sie mit reichlich Brot und Rotwein.

vom Markt in
Buckelstadt mit-
bringen:
Bauchspeck
Petersilie
Zimt
Zucker
Brot
Rotwein.

Kürbiseier

Ich habe in meinem Leben noch nie so große Kürbisse gesehen, wie die Hobbits sie im Herbst von den Feldern holen und in ihren Speisekammern einlagern.

Sie besitzen vielerlei Rezepturen, um das Kürbisfleisch schmackhaft zuzubereiten, diese jedoch ist die wohl am häufigsten angewandte.

Was du brauchst

Nimm einen kleinen, ganzen Kürbis oder ein gutes Stück von einem großen, eine große Zwiebel, zwei Löffel Butter, vier Hühnereier, einen großen Löffel Rahm, 50 g geriebenen, harten Käse sowie Kräuter und Salz zum Würzen.

Rezeptur

Schäle den Kürbis, nimm die Kerne und die harten Stücke heraus und raspele ihn mit einer Reibe so klein wie du kannst.

Schäle auch die Zwiebel und schneide sie in kleine Stücke. Dann bring eine Pfanne auf das Feuer, schmelze die Butter darin und gebe den geraspelten Kürbis sowie die Zwiebel hinzu.

Decke die Pfanne zu und lasse alles einige Minuten dünsten, bis es weich geworden ist. Verrühre nun die Eier, den harten Käse, die Kräuter und gebe auch etwas Salz hinzu, so viel du magst.

Wenn alles eins geworden ist, gieße es über den Kürbis in der Pfanne und lasse es so lange darin, bis es fest geworden ist. Dann nimm es heraus und bringe es auf einem großen, flachen Teller auf den Tisch, oder stelle es zur Seite, damit es kalt werden kann.

Käsekränze

Eine typische Rezeptur aus dem Auenland, denn das Gericht ist sehr schnell zubereitet und eignet sich deshalb nach einem ausgedehnten Abendessen besonders gut als spontanes Nachtmahl

Was du brauchst

Nimm 200 g geriebenen, harten Käse, 200 g feines Mehl, vier Hühnereier, 150 g Speck, etwas Salz sowie Schmalz zum Ausbacken.

Rezeptur

Verknete den Käse mit dem Mehl, den Eiern und dem Speck und gib das Salz dazu.

Nun forme den Teig zu Kringeln und backe sie in einer großen Pfanne im heißen Schmalz aus.

Fülle sie dann auf einen großen, flachen Teller und bringe ihn auf den Tisch.

Stelle einen großen Korb mit geschnittenem Weißbrot sowie einen Krug süßen Obstsaft mit auf den Tisch.

Flüchtige Kreise:

Über das Rauchen von Pfeifen und das Blasen von Kringeln

Es ist den Hobbits zu Eigen, beizeiten eine Pfeife zu stopfen und diese – in geselliger Runde oder allein – mit Genuss zu paffen. Dabei halten sie sich an keine festen Zeiten, doch beginnt die Raucherei selten vor dem späten Vormittag. Ihr glimmendes Kraut, das von ihren eigenen Plantagen stammt und auf das sie sehr stolz sind, verbreitet einen wohligen, süßlichen und doch würzigen Geruch im Raum, wobei die dichten Schleier des Rauches in den sehr niedrigen Erdbehausungen der Hobbits schnell die Lider schwer werden lassen. Selbst im Freien verbreitet sich der Duft des Krautes nach allen Seiten hin und es scheint, als wirke er beruhigend auf alle Umstehenden.

Zum Genuss der Pfeife – der zumeist den Männern vorbehalten ist – gehört es auch, den Rauch ab und an in besonderer Manier wieder auszublasen, und zwar so, dass er einen vollendeten Kreis bildet.

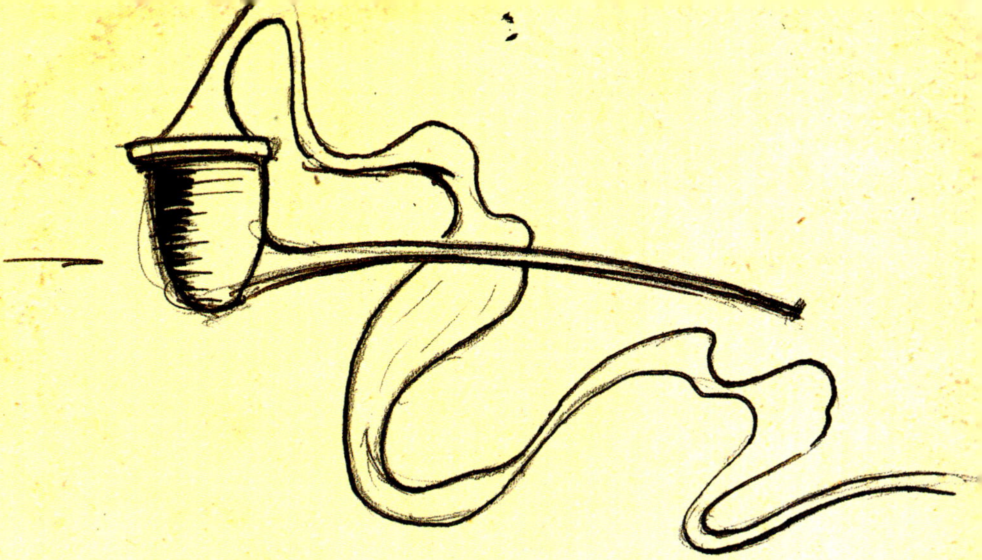

Diese Kunst beherrschen vor allem die älteren Hobbits in so beeindruckender Weise, dass man ins Staunen kommt, betrachtet man die flüchtigen Gebilde auf ihrem kurzen Weg durch die Luft, bis ein Windhauch sie vertreibt oder sie auf ein Hindernis treffen, woraufhin sie sich in Nichts auflösen. Manche haben diese Fertigkeit so weit verfeinert, dass sie mehrere Ringe mit unterschiedlicher Größe und Geschwindigkeit hintereinander auf die Reise schicken können, wobei die kleinen sich durch die großen winden oder sich alle Ringe nacheinander um den Hals einer Flasche legen, die auf dem Tisch steht.

Wenn in Gesellschaft geraucht wird, kann daraus ein lustiger Wettstreit werden, bei dem die Hobbits sich gegenseitig in ihrer Kunstfertigkeit überbieten wollen.

Dies schien mir so bemerkenswert, dass ich mich selber daran versuchte, doch erntete ich dabei nur viel Gelächter, und es gelang mir nicht ein einziges Mal, den Rauch zu einem Kreis auszublasen. Vielmehr hatte ich dabei so starke Hustenanfälle, dass ich nicht verstehen kann, wieso das kleine Volk sich so etwas antut.

Zwei alte Hobbits erklärten sich daraufhin bereit, mir genau zu beschreiben, wie es funktioniert, auf dass ich es in der Zukunft üben könne.

Sie widersprachen sich allerdings so häufig und fielen sich ebenso oft ins Wort, dass ich nicht recht weiß, ob mir die Zusammenfassung wirklich gelungen ist. Doch will ich es versuchen, vielleicht stellen sich andere ja begabter an als ich und haben ihre Freude damit.

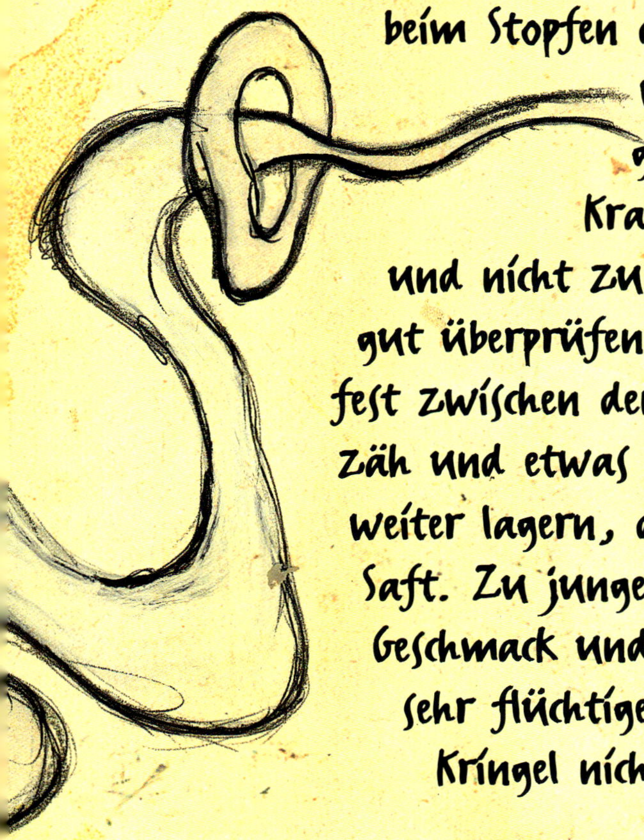

Ein gelungener Rauchkringel will schon beim Stopfen der Pfeife und der Auswahl des Rauchkrautes gut vorbereitet sein. Das Kraut darf nicht zu feucht und nicht zu trocken sein, was man gut überprüfen kann, indem man es fest zwischen den Fingern reibt. Scheint es zäh und etwas klebrig, so muss es noch weiter lagern, denn es hat noch zu viel Saft. Zu junges Kraut hat einen flauen Geschmack und entwickelt nur dünnen, sehr flüchtigen Rauch, der für fette Kringel nicht zu gebrauchen ist. Zerbröselt das Kraut allerdings zwischen den Fingern beinahe zu Staub, hat es zu lange gelegen und all seine Kraft verloren. Es schmeckt bitter, ist seiner Würze beraubt und legt sich beim Rauchen scharf auf die Zunge.

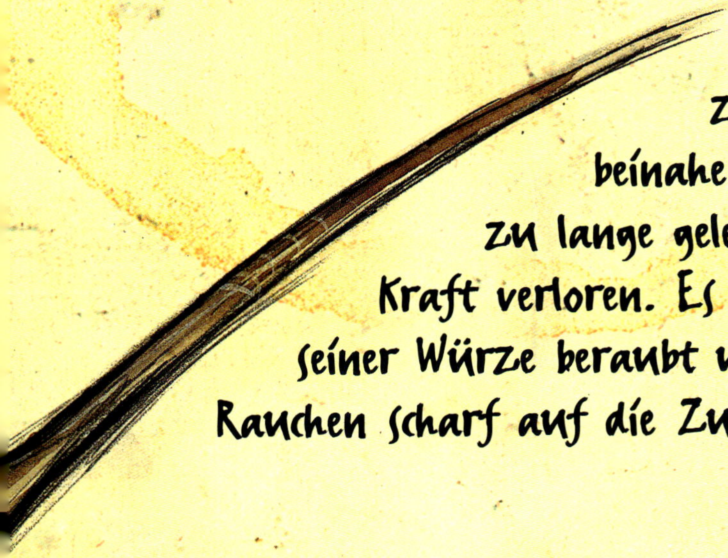

Wichtig ist das Stopfen der Pfeife, denn presst man das Kraut zu fest hinein, so gelangt bei einem Zug an der Pfeife nicht genug guter Rauch in den Mund, um die Kringel wohlgeraten zu lassen. Eine zu locker gestopfte Pfeife taugt da schon eher, sie ist für die Hobbits jedoch ein zu kurzes Vergnügen, denn das wenige Kraut in einer lockeren Pfeife ist im Handumdrehen verglimmt. Ist sie jedoch nach bester Hobbit-Manier gestopft – nicht zu fest und nicht zu locker, nicht zu feucht und nicht zu trocken –, so werden zunächst einige Züge genommen, bis die Glut im Kopf kräftig genug ist, um nicht sofort wieder zu erlöschen.

Will man nun Kringel blasen, so muss man einen tiefen Zug nehmen, um möglichst viel Rauch im Mund zu sammeln. Manche, vornehmlich die jüngeren, noch etwas übermütigen Hobbits, saugen sich den Rauch dabei sogar tief in die Brust, um mehr davon aufnehmen zu können. Hat man den Rauch eingesaugt, wird der Mund ein gutes Stück weit geöffnet, der Atem allerdings noch angehalten. Nun werden die Lippen ganz rund geformt, als wolle man „A" und „O" gleichzeitig sagen und dann folgt der eigentlich entscheidende Moment, denn wenn bis dahin alles noch recht einfach erscheint, so kommt nun das mir unmöglich erscheinende.

„Man muss die Kiemen schnappen lassen wie ein Fisch", sagte mir einer der Hobbits immer wieder. Der andere fragte mich, ob ich schon einmal einen Karpfen im Wasser beobachtet hätte, wie er sein Maul immer auf- und zumacht. So ähnlich sehe es aus, meinte er, und so solle ich es auch machen. Und ich müsse die Zunge dabei richtig einsetzen, nämlich am besten gar nicht bewegen. Und ich dürfe nicht zu viel Rauch gebrauchen und nicht zu wenig, wobei mir die rechte Dosierung nur wenige Male gelang.

Offensichtlich ist es wichtig, den Rauch mit einer kurzen und schnellen Bewegung des Unterkiefers auszustoßen, ohne dabei die Lippen zu verändern. Außerdem muss das Ausblasen rechtzeitig, also ganz schnell, wieder gestoppt werden, denn sonst kommt zu viel Rauch und es ist eine große Wolke im Raum, aber kein Kringel zu sehen.

Hat man die richtige Menge Rauch und auch das Tempo, und die Kraft des Ausstoßes ist gut, dann entsteht der Kringel in dem Moment, in dem er den Mund verlässt. Direkt bevor der Rauch ausgestoßen wird, schwebt er beinahe bewegungslos im Mund, um dann plötzlich hinaus geblasen zu werden. Und weil der Rauch so plötzlich und so rasch durch die kleine, runde Öffnung hindurch muss, die von den Lippen gebildet wird, erhält er eine schnelle Rotation und windet sich immer wieder um sich selbst, ein Umstand, der sehr wichtig sein muss. Denn sobald diese Eigendrehung langsamer wird, löst sich der Kringel in Nichts auf.

Ich hatte oft Gelegenheit, die Hobbits bei dieser sonderbaren Beschäftigung zu beobachten, und ich stellte schon bald fest, dass sie sich dabei mehrerer Techniken bedienen. In einem gleichen sich jedoch alle: Der Rauch muss immer mit einem kurzen und schnellen Stoß aus dem Mund heraus. Dabei sieht es bei jedem etwas anders aus, was vielleicht daran liegen mag, dass jeder ein anderes Gesicht hat. Doch in welcher Technik die Halblinge es auch bewerkstelligen, es gelingt ihnen immer, einen dicken, runden Kreis auf die Reise zu schicken.

Ich hingegen habe meine Bemühungen schon bald eingestellt, da ich allein von den Versuchen schon oft Kopfschmerzen bekam. So gab ich mich damit zufrieden, dabeizusitzen, wenn die Halblinge ihre Pfeifen paffsten und mit ihren kunstvollen Rauchgebilden um die Wette eiferten. Ich werde es vielleicht beizeiten noch einmal versuchen.